カンタンかわいい「飾り切り」

ほりえさちこ
Sachiko Horie

はじめに

　飾り切りには魔法の力があります。
　たとえば、おべんとう。ウインナーや、たまご、きゅうりにトマト……、そんな定番おかずに飾り切りをしてみると、同じメニューでも見違えるよう。ふたを取ったときの笑顔が思い浮かびます。
　ふだんの食卓にも飾り切りを取り入れてみてください。小さいお子さんはきっと、「これ、なぁに？　かわいい〜♪」と大喜びしてくれますよ。苦手だったものも食べられるようになるかもしれません。
　飾り切りには、つくる人の愛情が込められています。お料理が、目新しく、よりきれいに、よりおいしくなるように。そんな気持ちが形になっているのです。
　この本では、すぐにでもつくれるかんたんな飾り切りから、和食の伝統的な包丁技まで、幅広く取り上げて紹介しています。さっそく今日の食卓に、魔法の飾り切りを登場させてみませんか？

　　　　　　　　　　　　　　　　　　　　　　　ほりえさちこ

本書のポイント

毎日のおべんとう・食卓に、飾り切りで楽しみをプラス！

毎日つくるおべんとうやマンネリになりがちな定番メニューに飾り切りを加えれば、楽しみも増え、見た目も新鮮に！ Part1ではふだんづかいにおすすめの飾り切りを食材別に紹介しています。

【食材別飾り切り紹介ページ】

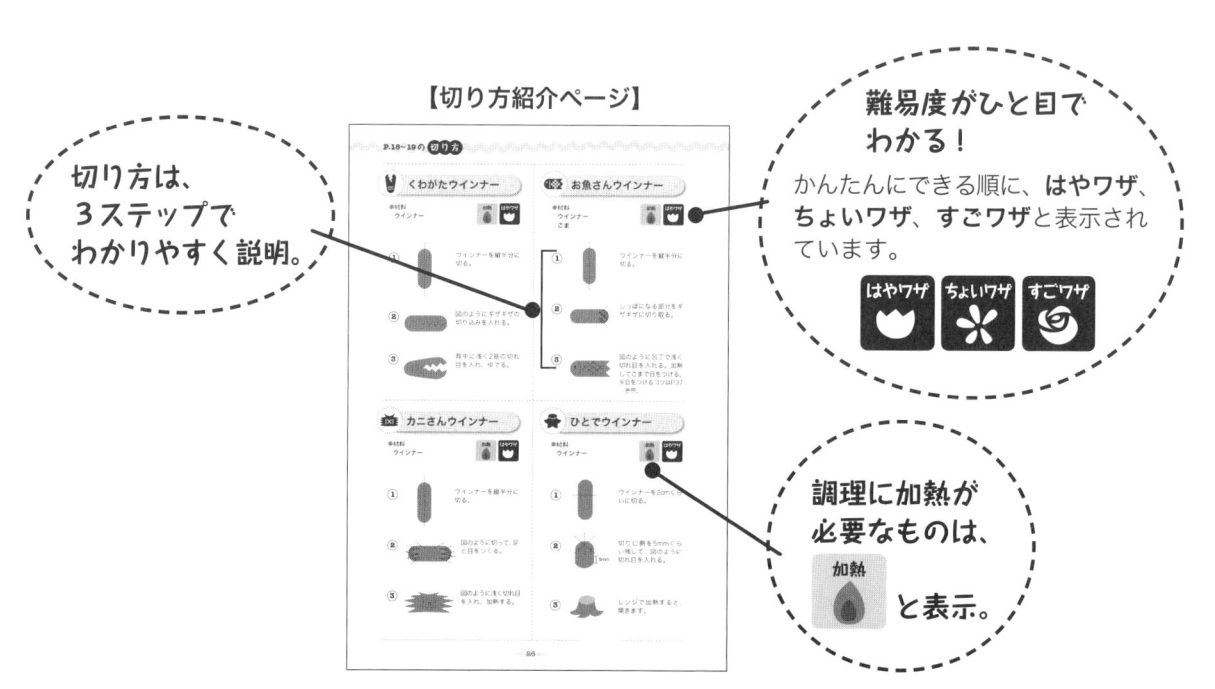

ウインナーやたまごなど、使いたい食材別に一覧できます。

【切り方紹介ページ】

切り方は、3ステップでわかりやすく説明。

難易度がひと目でわかる！

かんたんにできる順に、**はやワザ**、**ちょいワザ**、**すごワザ**と表示されています。

調理に加熱が必要なものは、**加熱** と表示。

イベントのテーブルに、飾り切りで華やかさをアップ！

クリスマス、お正月など、イベントシーンにぴったりの飾り切りがあります。
Part 2、3では、テーブルに華を添える飾り切りをシーン別に紹介。

【シーン別飾り切り紹介ページ】

手軽なメニューも飾り切りで華やかに変身。

おすすめの飾り切りがズラリ！

食の細い子や食わず嫌いさんに、「食べてみたい」気持ちを起こさせる飾り切り

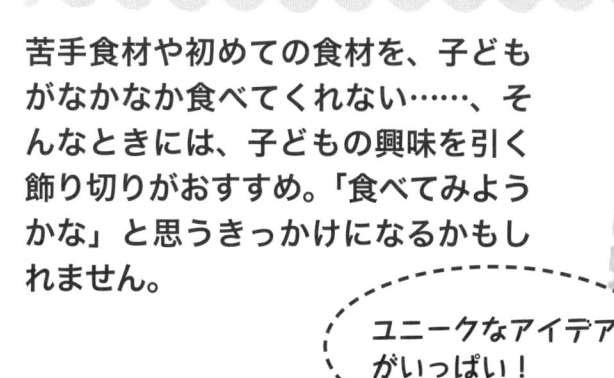

苦手食材や初めての食材を、子どもがなかなか食べてくれない……、そんなときには、子どもの興味を引く飾り切りがおすすめ。「食べてみようかな」と思うきっかけになるかもしれません。

ユニークなアイデアがいっぱい！

はじめに／本書のポイント……4／基本の道具……9／基本の切り方……10

Part 1 毎日のおべんとうやごはんに添えたい飾り切り
～食材別飾り切り大集合！

飾り切りでカンタン・かわいいおべんとう　12
飾り切りで笑顔あふれる毎日の食卓　14
飾り切りでおにぎり・パン・おやつをつくろう　16

＊食材別飾り切り＊

ウインナー ⑱
（切り方）
- ハートウインナー……………18／25
- マーガレットウインナー…………18／25
- ウインナーチューリップ…………18／25
- ウインナーの葉っぱ……………18／25
- くわがたウインナー……………18／26

（切り方）
- お魚さんウインナー……………18／26
- カニさんウインナー……………18／26
- ひとでウインナー………………19／26
- タコさんウインナー……………19／27
- ウインナーのバラ………………19／44

たまご ⑲
（切り方）
- うずらのお花……………………19／27
- 星うずら…………………………19／27
- 薄焼き卵のお日さま……………19／27

（切り方）
- ライオンオムライス……………19／28
- 花切りうずら……………………19／28
- にわとりうずら…………………19／28

練りものなど ⑳
●かまぼこ
（切り方）
- かまぼこハート…………………20／28
- かまぼこうさぎ…………………20／29
- かまぼこのバラ…………………20／29
- お花かまぼこ……………………20／44
- ぎざぎざかまぼこ………………20／68

●ちくわ
- ちくわピーマンいそぎんちゃく……20／29

●はんぺん
（切り方）
- はんぺんイカ……………………20／29

●魚肉ソーセージ
- ソーセージのきつねさん……20／30

●イカ
- 松かさイカと布目イカ………21／30
- 唐草イカ…………………………21／30

野菜 ㉑
●トマト
（切り方）
- お花プチトマト…………………21／30
- プチトマトバスケット…………21／31
- 花切りプチトマト………………21／28
- トマトのりす……………………21／31

●かぼちゃ
- かぼちゃの葉っぱ………………21／31

●きゅうり
- くるりんきゅうり………………22／31
- 互い違いきゅうり………………22／32
- しましまきゅうり………………22／32
- きゅうりのヒラヒラ……………22／32

（切り方）
- お魚きゅうり……………………22／32
- 花切りきゅうり…………………22／28
- きゅうりのカップ………………22／45
- きゅうりのお舟…………………22／48

●ラディッシュ
- ラディッシュくらげ……………23／33
- ラディッシュのバラ……………23／48

●なす
- 茶せんなす………………………23／33

●エリンギ
- エリンギの妖精…………………23／33

Contents

フルーツ ㉓

●りんご
	切り方
うさぎりんご	23／33
リボンりんご	23／34
チェックりんご	23／34
ぴょんぴょんうさぎりんご	23／34

●バナナ
	切り方
リボンバナナ	24／34

●ぶどう
	切り方
ぶどうのお花	24／35

●オレンジ・みかん
	切り方
オレンジペンギン	24／35
みかんうさぎ	24／35
オレンジボート	24／49

●キウイ
	切り方
花切りキウイ	24／28
キウイのキャンドル	24／52

パン ㉔
	切り方
フラワー揚げパン	24／35

飾りつけのアイデア大集合！ ㊱

column ほりえさちこの 笑顔いっぱいの飾り切り　40

Part 2　パーティーを彩る飾り切り
〜すてきなテーブルコーディネート

お誕生日パーティー ㊷
	切り方
エッグ坊やとハムの王冠	42／44
ウインナーのバラ	42／44
お花かまぼこ	43／44
風車ハム	43／44

	切り方
きゅうりのカップ	43／45
レモンリボン	43／45
いちごのお花	43／45
パイナップルボート	43／45

ホームパーティー ㊻
	切り方
ホタテダイヤモンド	46／48
パプリカのゆりかご	46／48
きゅうりのお舟	47／48
ラディッシュのバラ	47／48

	切り方
りんごの小箱	47／49
オレンジボート	47／49
マンゴーダイスカット	47／49
レモンうさぎ	47／49

クリスマスパーティー ㊿
	切り方
雪柄れんこん	50／52
きゅうりのリース	50／52

	切り方
木の葉りんご	51／52
キウイのキャンドル	51／52

★プラスアイデア：簡単にできる！　クリスマスを飾る小物たち
　いちごサンタ……51／ウインナー靴下……51

Contents

Part 3 和食を彩る飾り切り
～和の食卓をワンランクアップ！

お正月プレート ……… 54

(切り方)
- 紅白羽子板 …… 54 / 56
- 矢羽根れんこん …… 54 / 56
- 松だいこん …… 55 / 56
- 手綱かまぼこ …… 55 / 56
- ねじり梅 …… 55 / 57
- ちくわの手おけ …… 55 / 57
- きゅうりの蘭 …… 55 / 57
- 結びちくわ …… 55 / 57

伝統の包丁テクニック ……… 58

(切り方)
- かみなりきゅうり …… 58 / 60
- たけのこの亀 …… 58 / 60
- 波きゅうり …… 59 / 60
- 花形えび …… 59 / 60
- にんじんの蝶 …… 59 / 61
- かまぼこのあやめ …… 59 / 61
- かまぼこ飾り …… 59 / 61
- かまぼこ結び …… 59 / 61

華やか吹き寄せ ……… 62

(切り方)
- 花れんこん …… 62 / 64
- 亀甲しいたけ …… 62 / 64
- 末広たけのこ …… 63 / 64
- とさかにんじん …… 63 / 64
- 鶴の子いも …… 63 / 65
- 手綱こんにゃく …… 63 / 65
- 矢羽根さやえんどう …… 63 / 65
- ゆず松葉 …… 63 / 65

和風おかずに添える飾り切り ……… 66

(切り方)
- すだちリボン …… 66 / 68
- ひらひらスティックセロリ …… 66 / 68
- ★プラスアイデア：お刺身のいろどり野菜
  - 扇だいこん …… 67 ／ 松きゅうり …… 67
- ぎざぎざかまぼこ …… 67 / 68
- こよりうど …… 67 / 68

Part 4 飾り切り便利帳
～知って得する豆知識がいっぱい！

- 端っこ食材を活用！ かんたんエコ・レシピ ……… 70
- 飾り切りに便利！ レンジとフリーザー活用術 ……… 72
- あると便利な道具紹介 ……… 74
- 食材別さくいん　76

基本の道具

飾り切りをラクチンに仕上げるための道具たち。

ペティナイフ・刃が細い小さめの和包丁・まな板

この本で取り上げているほとんどの飾り切りは、包丁1本でできます。飾り切りに便利なのは、ペティナイフのように細くて小回りのきく包丁。切れ味がよく、手になじんだものがベストです。

ピック・つまようじ・竹串

キッチンばさみ

包丁同様に活躍するのが食材用のキッチンばさみ。ウインナーの端っこを切ったり、薄焼き卵やのりをカットするには断然便利です。

ピックやつまようじはジョイントに使えるので、あると飾り切りの幅が広がります。おべんとうにかわいいピックを使えば、それだけで見た目がかわいくなります。また、飾り切りにごまで目をつけるときは竹串が活躍します。

Attention!

★ 飾り切りをおべんとうに入れる場合は、いたまない工夫をしてください。生で食べられるものも、果物を除いてはすべて加熱するのが基本です。おべんとうのふたをしめるのは冷めてからにしましょう。

★ ウインナーを電子レンジで加熱する場合は、必ず切り込みを入れてから加熱してください。切らずに加熱すると破裂のおそれがあります（加熱時間の目安→P.72）。

★ 変色が心配な素材は色どめしておくと、おいしそうな見た目が長持ちします。りんごは塩水や水で薄めたレモン汁につけたり、切り口にレモン汁をふりかけるなどします。バナナは切り口にレモン汁をふりかけておきます。

★ ピックなどを使う場合は、さしてあることがハッキリわかるようにしましょう。特に小さいお子さんには気をつけてください。かわりに、一緒に食べられる揚げパスタを使うのもおすすめです（揚げパスタのつくり方→P.73）。

★ 電子レンジの調理時間の目安は、600wのものを基準にしています。500wの電子レンジを活用する場合は、表記の時間の1.3倍を目安に、様子を見ながら加熱してください。

★ 分量についての表示は、大さじ1＝15cc、小さじ1＝5cc、カップ1＝200ccとしています。

基本の切り方

お料理の基本でもある、切り方のおさらい。

輪切り
切り口が輪の形になるように、丸い棒状の素材を端から切ること。

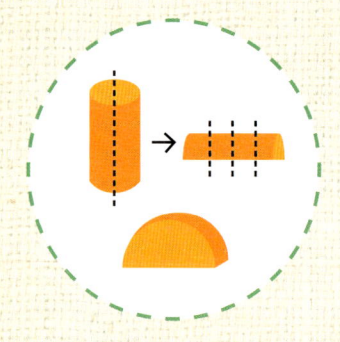

半月切り
丸い棒状の素材を縦半分にし、切り口が半月の形になるように切ること。

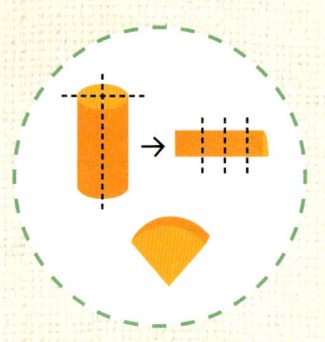

いちょう切り
丸い棒状の素材を縦十文字にして、切り口がいちょうの葉の形になるように切ること。

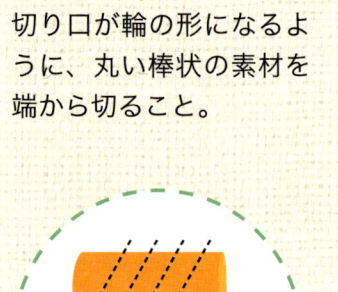

斜め切り
材料に対して包丁を斜めに入れて、端から切っていくこと。

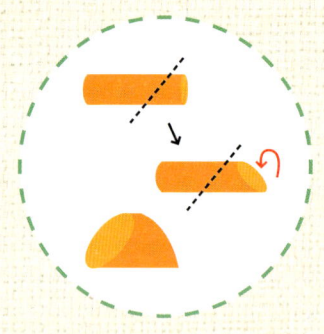

乱切り
材料を回しながら斜めに包丁を入れ、断面が大きくなるように切ること。

くし切り
球形の素材を、くしの形になるように切ること。

桂むき
だいこんなどを、皮めから薄く長くむいていくこと。

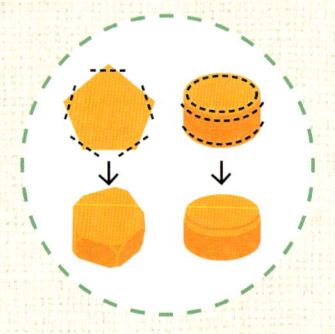

面取り
切り口の端のとがったところを削り落とすこと。

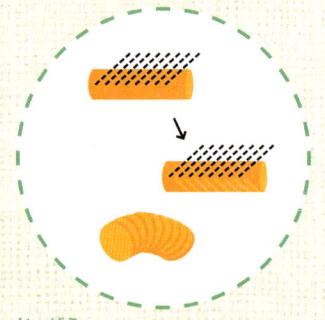

蛇腹切り
きゅうりなどの両面に、切り落とさない程度に斜めの細かい切り目を入れること。

Part **1**

毎日のおべんとうやごはんに添えたい飾り切り

〜食材別飾り切り大集合！

かまぼこで
P.20

トマトで
P.21

女の子が大好きなハートやお花で
キュートなおべんとうのできあがり！

＊使った飾り切り＊かまぼこハート（切り方→P.28）
　　　　　　　　　お花プチトマト（切り方→P.30）

ウインナーやかまぼこ、定番おかずが大変身！

おべんとう箱を
あけたら
マーガレットの
お花畑！
喜ぶ顔が目に
浮かびます。

ウインナー
で
P.18

きゅうりで
P.22

＊使った飾り切り＊マーガレットウインナー（切り方→P.25）
　　　　　　　　　花切りきゅうり（切り方→P.28）

Part1 毎日のおべんとうやごはんに添えたい飾り切り ～食材別飾り切り大集合！

りんごで
P.23

男の子のおべんとうには、
元気いっぱいになる飾り切りを！

たまごで
P.19

＊使った飾り切り＊薄焼き卵のお日さま（切り方→P.27）
チェックりんご（切り方→P.34）

飾り切りでカンタン・かわいいおべんとう

ウインナー
で
P.18

まるで水族館みたい！
ウインナーの海シリーズは
バリエーションも豊富です！

＊使った飾り切り＊カニさんウインナー（切り方→P.26）
お魚さんウインナー（切り方→P.26）

苦手な野菜だって人気メニューのワンプレートにのせれば、思わずパクリ！

トマトで
P.21

たまごで
P.19

イカで
P.21

＊使った飾り切り＊唐草イカ（切り方→P.30）
　　　　　　　　にわとりうずら（切り方→P.28）
　　　　　　　　トマトのりす（切り方→P.31）

おかずに添えるのはもちろん、麺類にも使える！

＊使った飾り切り＊互い違いきゅうり（切り方→P.32）
　　　　　　　　花切りプチトマト（切り方→P.28）

トマトで
P.21

きゅうりで
P.22

しょうが焼きの添え野菜に。
いつものおかずがカラフルになり、
栄養バランスもばっちりです！

Part1 毎日のおべんとうやごはんに添えたい飾り切り 〜食材別飾り切り大集合！

うどんにちょこんとのせるだけで
あっという間にイメージチェンジ！

かまぼこで
P.20

＊使った飾り切り＊かまぼこうさぎ（切り方→P.29）

飾り切りで笑顔あふれる毎日の食卓

ウインナー
で
P.19

＊使った飾り切り＊ひとでウインナー（切り方→P.26）

焼きそばの具もいろんなウインナー
の飾り切りを入れれば、たくさんの
パターンが楽しめます！

ウインナー
で
P.18

こんな楽しいピザトーストなら
眠い朝もパッチリ目が覚めるかも。

＊使った飾り切り＊ くわがたウインナー（切り方→ P.26）

朝ごはんやいつものおやつにひと工夫！ 飾り切りで

食の細い子や
好き嫌いの多い子は、
飾り切りをトッピングした
キュートなおにぎりが
おすすめ！

エリンギで
P.23

＊使った飾り切り＊ エリンギの妖精（切り方→ P.33）

Part1 毎日のおべんとうやごはんに添えたい飾り切り 〜食材別飾り切り大集合！

簡単なのに、ラッピングをすると
まるでカフェのおしゃれな
スイーツみたい！

パンで
P.24

＊使った飾り切り＊フラワー揚げパン（切り方→P.35）

おにぎり・パン・おやつをつくろう

＊使った飾り切り＊リボンバナナ（切り方→P.34）

バナナで
P.24

プレゼントみたいなバナナに
水切りヨーグルト（つくり方→P.39）
を添えればすてきなデザートに。

食材別飾り切り

ウインナー

ハートウインナー　➡ 切り方 P.25
斜めに切ってあわせると
ハートがつくれます。

マーガレットウインナー　➡ 切り方 P.25
中心はうずら卵などウイン
ナー以外でも。

ウインナーの葉っぱ
➡ 切り方 P.25
くわがたやお花といっしょ
に入れたい！　葉っぱの形
のウインナー。

ウインナーチューリップ
➡ 切り方 P.25
ウインナー1本でできる、
かんたんチューリップ。

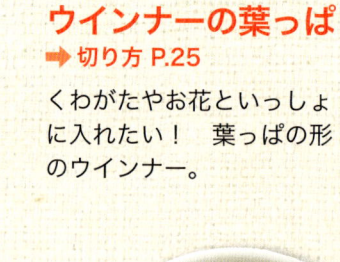

くわがたウインナー
➡ 切り方 P.26
男の子の大好きなくわ
がたの形の飾り切り。

カニさんウインナー
➡ 切り方 P.26
海の仲間といっしょに
入れたい！

お魚さんウインナー　➡ 切り方 P.26
おべんとう箱の中を泳ぐ魚の形。

Part1　毎日のおべんとうやごはんに添えたい飾り切り 〜食材別飾り切り大集合！

ひとでウインナー
➡ 切り方 P.26

ひと口サイズが食べやすい飾り切り。見立て次第でお花にも。

タコさんウインナー
➡ 切り方 P.27

飾り切りの定番。やりやすい切り方を紹介します。

Part2で紹介！

ウインナーのバラ
➡ 切り方 P.44

たまご

星うずら
➡ 切り方 P.27

簡単にカットするだけで、うずら卵のお星さま。

うずらのお花　➡ 切り方 P.27

切り込みを増やすと、印象の違うかわいいお花に。

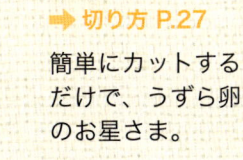

薄焼き卵のお日さま
➡ 切り方 P.27

薄焼き卵のヒラヒラがかわいい！ 中心をウインナーなどに変えても。

花切りうずら　➡ 切り方 P.28

たまごの飾り切りの定番！ほかの素材でもできます。

ライオンオムライス　➡ 切り方 P.28

切り紙の要領で、楽しいオムライスになりました！

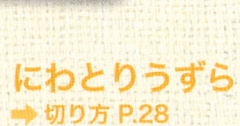

にわとりうずら
➡ 切り方 P.28

いっしょにお皿にのせれば、地味なおかずもかわいく変身！

練りものなど

かまぼこ

かまぼこハート
➡ 切り方 P.28
切り込みを入れて、ねじるだけ！かわいいハートのできあがり。

かまぼこうさぎ ➡ 切り方 P.29
ごまで目をつけると、ユルかわいい表情のうさぎさんに。

Part2で紹介！ 
お花かまぼこ
➡ 切り方 P.44

かまぼこのバラ
➡ 切り方 P.29
薄切りかまぼこを巻くだけでできる、かわいらしいバラ。

Part3で紹介！ 
ぎざぎざかまぼこ
➡ 切り方 P.68

ちくわ

ちくわピーマンいそぎんちゃく
➡ 切り方 P.29
ちくわにスティック野菜をさしこんで。苦手な野菜も食べられるかな!?

はんぺん

はんぺんイカ ➡ 切り方 P.29
はんぺんが、イカの形に早変わり。

魚肉ソーセージ

ソーセージのきつねさん
➡ 切り方 P.30
おべんとうの定番魚肉ソーセージがかわいいきつねさんに変身！

Part1 毎日のおべんとうやごはんに添えたい飾り切り ～食材別飾り切り大集合！

イカ

松かさイカと布目イカ
➡ 切り方 P.30

ちょっとした切り方の違いで変化がつき、味もなじみやすくなります。

唐草イカ ➡ 切り方 P.30
お花みたいなイカといっしょにソテーすれば、苦手な野菜も食べてみたくなる!?

野菜

トマト

プチトマトバスケット
➡ 切り方 P.31

中をくりぬくと、詰めものができて便利！

お花プチトマト ➡ 切り方 P.30
お花が咲いたみたい！ 十文字の切り込みでもかわいくできます。

素材違い

花切りプチトマト ➡ 切り方 P.28
花切りうずらと同じ飾り切りです。プチトマトでつくると小さなお花みたいに。

トマトのりす ➡ 切り方 P.31
小ぶりのトマトでつくると、りすらしくなります。

かぼちゃ

かぼちゃの葉っぱ
➡ 切り方 P.31

お花の飾り切りに添えたい！

きゅうり

互い違いきゅうり
➡ 切り方 P.32

飾り切りでよく使われる技法。ほかにも筒状の素材に使えます。

くるりんきゅうり
➡ 切り方 P.31

ポテトサラダなど、おかず入れの器になります。2つ3つあわせるとお花のようにも。

しましまきゅうり
➡ 切り方 P.32

しましまのいろどりがおべんとうをあざやかに。

お魚きゅうり
➡ 切り方 P.32

お魚をイメージさせる飾り切り。

きゅうりのヒラヒラ ➡ 切り方 P.32

野菜をプラスする、スキマおかずにぴったりの飾り切り。

Part2で紹介！

きゅうりのお舟
➡ 切り方 P.48

素材違い
花切りきゅうり ➡ 切り方 P.28

きゅうりを花切りにすると、お星さまみたいに見えます。

きゅうりのカップ
➡ 切り方 P.45

Part1 毎日のおべんとうやごはんに添えたい飾り切り 〜食材別飾り切り大集合！

ラディッシュ

なす

Part2で紹介！

茶せんなす ➡ 切り方 P.33
なすが苦手なら、かわいい小なすの飾り切りから挑戦しては？

ラディッシュくらげ
➡ 切り方 P.33
こんなかわいいラディッシュなら、ひと口でパクリ！

ラディッシュのバラ
➡ 切り方 P.48

エリンギ

エリンギの妖精（ようせい） ➡ 切り方 P.33
笑顔まちがいなし！ ゆかいなきのこの仲間たち。

フルーツ

りんご

リボンりんご
➡ 切り方 P.34
女の子が大好きなリボン。皮ごと食べれば栄養価もアップ！

うさぎりんご
➡ 切り方 P.33
定番の"うさぎりんご"が上手にできるコツ、教えます。

チェックりんご ➡ 切り方 P.34
チェッカーフラッグのような、たのしい模様のりんご。

ぴょんぴょんうさぎりんご
➡ 切り方 P.34
うさぎりんごのバリエーション。

23

バナナ

リボンバナナ ➡ 切り方 P.34
バナナがおしゃれなデザートに！

ぶどう

ぶどうのお花 ➡ 切り方 P.35
お花にすることでぶどうの皮がむきやすく、食べやすくなります。

オレンジ・みかん

オレンジペンギン ➡ 切り方 P.35
食べやすくカットするついでに、ペンギンの羽をつけてみて！

みかんうさぎ ➡ 切り方 P.35
切り込みを入れてかわいいうさぎに。オレンジでもつくれます。

Part2で紹介！ 
オレンジボート ➡ 切り方 P.49

キウイ

素材違い 
花切りキウイ ➡ 切り方 P.28
花切りはフルーツにもおすすめ。

Part2で紹介！ 
キウイのキャンドル ➡ 切り方 P.52

パン

フラワー揚げパン ➡ 切り方 P.35
ドーナツみたいな形の揚げパン。サンドイッチ用のパンが余ったときに。

P.18の切り方

Part1 毎日のおべんとうやごはんに添えたい飾り切り 〜食材別飾り切り大集合！

♥ ハートウインナー

- ●材料
  ウインナー
- ●用意するもの
  ピック

加熱 はやワザ

① ゆでたウインナーを斜めに切る。

② ハートの形になるよう切り口をあわせる。

③ ピックでとめる。

マーガレットウインナー

- ●材料
  ウインナー
- ●用意するもの
  ピック

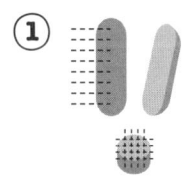

加熱 ちょいワザ

① ウインナーを縦2等分し、図のような切り込みを入れる。
中心になる部分はウインナーを1cmくらいに切り、切り口に切れ目を入れる。

② 中心になるウインナーのまわりに縦2等分したウインナーを置き、レンジで加熱する（切り込みが開いてお花らしくなります）。

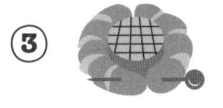

③ ピックでとめる。

ウインナーチューリップ

- ●材料
  ウインナー
- ●用意するもの
  ピック

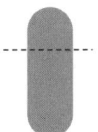

加熱 はやワザ

① ウインナーを1：2になるように切る。

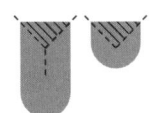

② 図のように切って（左側の縦の切り込みはなくてもOK）加熱する。

③ 2つをピックでさす。

ウインナーの葉っぱ

- ●材料
  ウインナー

加熱 はやワザ

① ウインナーを図のように切る。

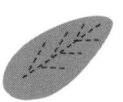

② 葉っぱの模様の切れ目を入れる。

③ 加熱する。

25

P.18〜19の 切り方

くわがたウインナー

●材料
ウインナー

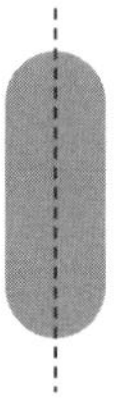

[加熱] [はやワザ]

① ウインナーを縦半分に切る。

② 図のようにギザギザの切り込みを入れる。

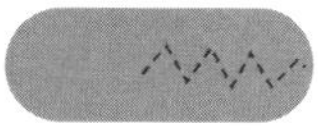

③ 背中に浅く2筋の切れ目を入れ、ゆでる。

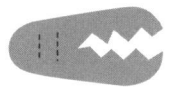

お魚さんウインナー

●材料
ウインナー
ごま

[加熱] [はやワザ]

① ウインナーを縦半分に切る。

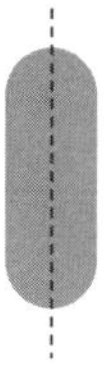

② しっぽになる部分をギザギザに切り取る。

③ 図のように包丁で浅く切れ目を入れる。加熱してごまで目をつける。
※目をつけるコツはP.37参照。

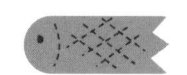

カニさんウインナー

●材料
ウインナー

[加熱] [はやワザ]

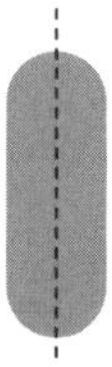

① ウインナーを縦半分に切る。

② 図のように切って、足と目をつくる。

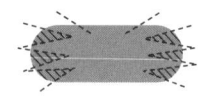

③ 図のように浅く切れ目を入れ、加熱する。

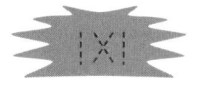

ひとでウインナー

●材料
ウインナー

[加熱] [はやワザ]

① ウインナーを2cmくらいに切る。

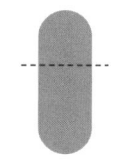

② 切り口側を5mmくらい残して、図のように切れ目を入れる。

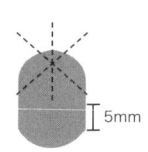

③ レンジで加熱すると、開きます。

Part1 毎日のおべんとうやごはんに添えたい飾り切り 〜食材別飾り切り大集合！

タコさんウインナー

●材料
ウインナー
ごま

加熱 / はやワザ

①  ウインナーを図のように斜めに切る。

②  ①の切り口側に、図のように切り込みを入れて足にする。

③  レンジで加熱すると、足が開きます。ごまで目をつけてもかわいい。
※目をつけるコツはP.37参照。

うずらのお花

●材料
うずら卵

加熱 / はやワザ

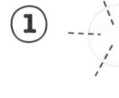

① 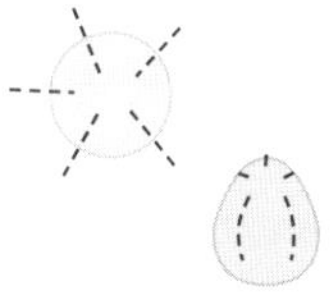 ゆでたうずら卵の殻をむき、図のように切り込みを入れる（黄身に当たるくらいまで）。

② 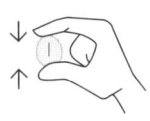 指でおさえて、軽くつぶす。

③  できあがり。つぶすときに力を入れすぎると白身が割れるので注意して。

星うずら

●材料
うずら卵

加熱 / はやワザ

①  黄身がかたよらないよう、ゆでるときに菜ばしでかきまぜる。

② 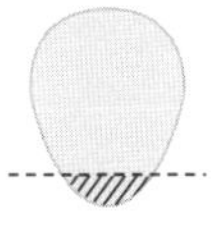 安定するように下の部分をカットする。

③ 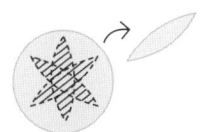 黄身が見える深さまで、上から図のようにV字に3回カットする。

薄焼き卵のお日さま

●材料
薄焼き卵、ミートボール

●用意するもの
ピック

加熱 / ちょいワザ

① 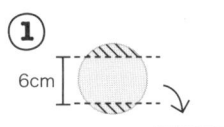 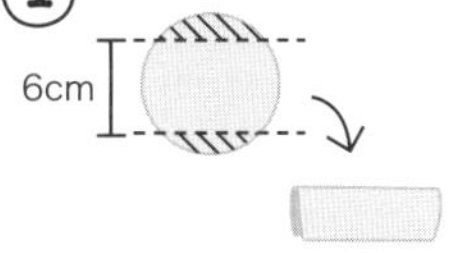 フライパンで丸く焼いた薄焼き卵の上下の端を切って6cmくらいにして、半分に折る。
※薄焼き卵のつくり方のコツはP.37参照。

② 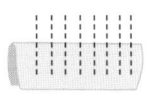 半分に折ったものに、図のように切り込みを入れる。

③  ミートボールのまわりに巻きつけ、ピックでとめる。

P.19〜20の 切り方

ライオンオムライス

●材料
薄焼き卵
ケチャップ
オムライス用のごはん

加熱 / ちょいワザ

① 薄焼き卵で十角形をつくる。まず半分に折り、左側を谷→山の順に折る。※薄焼き卵のつくり方のコツはP.37参照。
------ 山折り
―― 谷折り

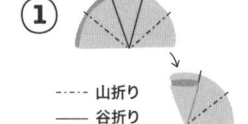

② ①の上へ重ねて、右側を谷→山の順に折る。

③ 図のように切り、丸く盛りつけたライスの上に広げて、ケチャップで目鼻をつける。

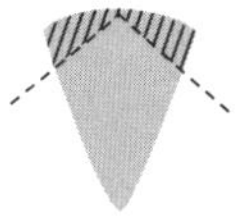

花切り（うずら、プチトマト、きゅうり、キウイ）

●材料
ゆで卵（うずら卵）、
プチトマト、きゅうり、
キウイなど

加熱（ゆで卵）/ ちょいワザ

① 材料のまわりに、包丁の先を使ってグルリとギザギザの切り込みを入れていく（中心くらいまで）。

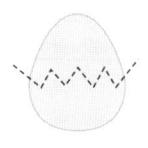

② 1周切り込みを入れたら、2つをそっと離す。

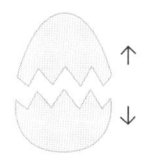

③ できあがり。

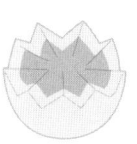

にわとりうずら

●材料
うずら卵
パプリカ（赤い野菜）
ごま

加熱 / はやワザ

① ゆでたうずら卵が安定するよう下の部分を切り、口をV字に切る。

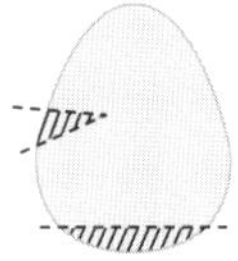

② 羽にあたるところに切り込みを入れる。

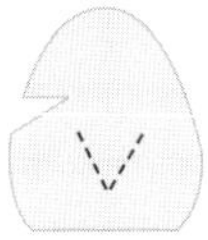

③ 小さく切ったパプリカをさして、ごまで目をつける。
※目をつけるコツはP.37参照。

かまぼこハート

●材料
かまぼこ

●用意するもの
ピック（すべりにくいもの）

はやワザ

① 1cm弱の幅に切ったかまぼこの中央に深く切り込みを入れる（切り離さない程度に）。

② 切り込みを左右にひろげる。

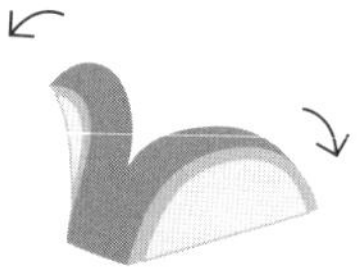

③ ハートの形にして、ピックでとめる。

かまぼこうさぎ

●材料
かまぼこ
ごま

① 1cm弱の幅に切ったかまぼこの、色のついたところを真ん中くらいまで切る（うさぎの耳）。

② 切った耳の部分を、内側に丸める。

③ ごまで目をつける。
※目をつけるコツはP.37参照。

かまぼこのバラ

●材料
かまぼこ

●用意するもの
ピック（すべりにくいもの）

① 2〜3mm幅に切ったかまぼこを2枚重ねて、色のついた部分に数mm間隔で浅い切れ目を入れる。

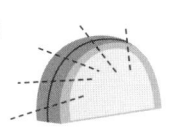

② 2枚を少しずらし、端から丸める。

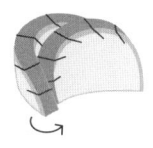

③ ピックでとめる。

ちくわピーマンいそぎんちゃく

●材料
ちくわ
ピーマン
パプリカ

① 長さ3〜4cmに切ったちくわに、深さ2cmの十字の切れ目を入れる。

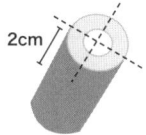

② ピーマンとパプリカは、ちくわの長さにそろえて細く切る。

③ 切り込みを入れたちくわの穴に②をさしこむ。

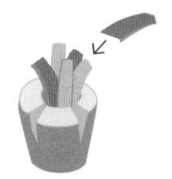

はんぺんイカ

●材料
はんぺん

① はんぺんを図のように切って小さい三角形をつくる。

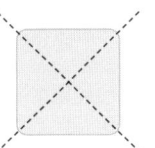

② 図のように切り込みを入れて足をつくる。

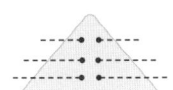

③ 足を下へ折り曲げる。

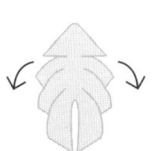

P.20〜22の 切り方

ソーセージのきつねさん

●材料
魚肉ソーセージ
ごま

［はやワザ］

① 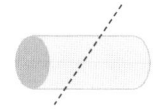 魚肉ソーセージを斜めに切る。

② 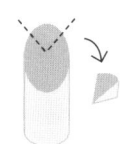 切り口を図のようにV字に切り取り、きつねの顔にする。

③ 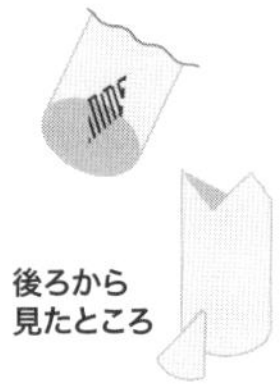 後ろに小さいV字の切り込みを入れ、②で切り取った部分をさし込んでしっぽにする。ごまで目と口をつける。
※目をつけるコツはP.37参照。

後ろから見たところ

松かさイカと布目イカ

●材料
イカ

［加熱］［はやワザ］

① 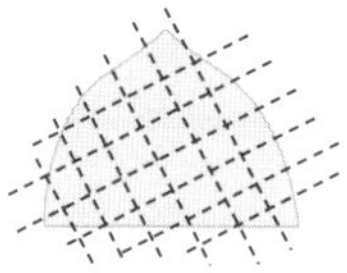 イカを開き、外側（内臓があったほうの裏）を上にする。松かさイカは、図のように斜めの切れ目を入れる。

② 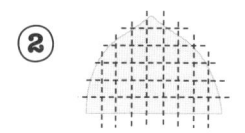 布目イカは、図のように縦横に切れ目を入れる。

③ 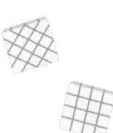 食べやすい大きさに切りそろえる。加熱すると、切れ目が開く。

唐草イカ

●材料
イカ

［加熱］［ちょいワザ］

① 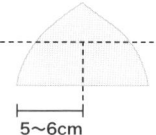 イカを開き、外側（内臓があったほうの裏）を、図のように長さ5〜6cmに切る。

② 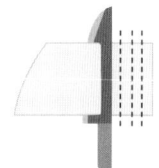 包丁を寝かせて、5mm間隔で切れ目を入れる。

③ 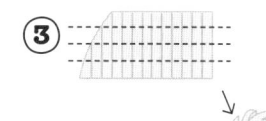 ②の切れ目に対して垂直に、1cm幅に切る。加熱すると、くるりとねじれる。

お花プチトマト

●材料
プチトマト

［はやワザ］

① 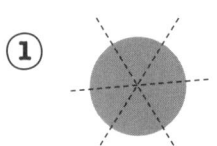 プチトマトの皮に、6等分になるよう切り込みを入れる。

② 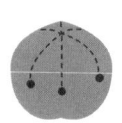 横から見たところ。半分よりも少し下まで包丁を入れる。

③  切り込みを入れた皮をむくように開いて、花びらにする。

Part1 毎日のおべんとうやごはんに添えたい飾り切り 〜食材別飾り切り大集合！

プチトマトバスケット

● 材料
プチトマト
中に詰めるミックスベジタブルなど

【はやワザ】

① プチトマトに縦2本の切り込みを入れる（半分くらいまで）。

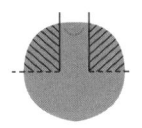

② 横から包丁を入れ、取っ手になる部分を残して切り取る。

③ 中をくりぬいてミックスベジタブルなどを盛りつけてもよい。

トマトのりす

● 材料
トマト

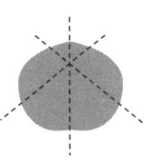

【はやワザ】

① トマトを6等分のくし切りにする。

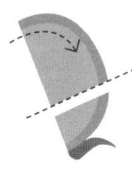

② へたをまっすぐに切り落とす。皮をむくように3分の2ほど包丁を入れる。

③ むいた部分をくるりと丸めて立たせる。

かぼちゃの葉っぱ

● 材料
かぼちゃ

【加熱】【ちょいワザ】

① かぼちゃの皮の部分を葉っぱの形に整える。

② 図のように、葉っぱの模様のV字の切り込みを入れる。

③ 調理する。
※煮るときのコツはP.72参照。

くるりんきゅうり

● 材料
きゅうり

【ちょいワザ】

① きゅうりの先を、えんぴつのような形にむいて整える。

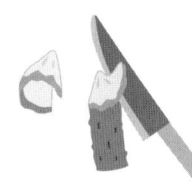

② 円すいの部分を、えんぴつ削りのように1周薄くむき取る。

③ 内側にクルッと巻く。

P.22〜23の 切り方

互い違いきゅうり

- ●材料
  きゅうり
- ●用意するもの
  包丁2本

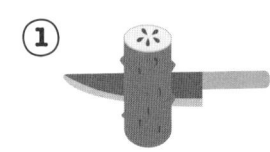

ちょいワザ

① 4cmくらいに切ったきゅうりの中心に包丁をさしこむ。

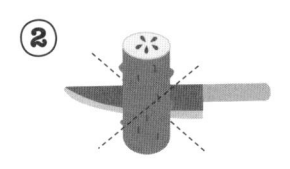

② ①の包丁をさしこんだまま、別の包丁で、表側を図のように斜めに切る。反対側も同様に斜めに切る。

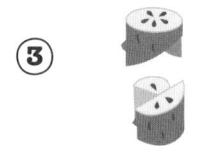

③ 2つを離して、できあがり。

しましまきゅうり

- ●材料
  きゅうり

はやワザ

① 4〜5cmに切ったきゅうりを縦に4つ割りにする。

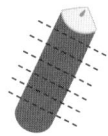

② 5〜6mm間隔で皮に筋を入れる。

③ ②の筋に合わせて、交互に皮をむき取る。

きゅうりのヒラヒラ

- ●材料
  きゅうり
  塩

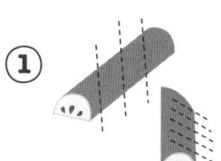

ちょいワザ

① 縦半分に切ったきゅうりを2〜3cmの斜め切りにし、2mm幅の切り込みを入れる。

② 軽く塩をふってしばらく置く。

③ きゅうりがしんなりしたら、切り込みを開いて形を整える。

お魚きゅうり

- ●材料
  きゅうり
  塩

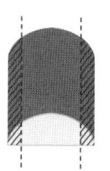

ちょいワザ

① 長さ3〜4cmのきゅうりを縦半分に切り、図のように端を切る。

② 図のように、縦に深さ3mmくらいの細かい切れ目を入れ、軽く塩をふる。

③ きゅうりがしんなりしたら、斜めに包丁を入れてずらし、うろこをつくる。

ラディッシュくらげ

●材料
ラディッシュ

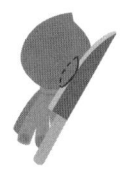

はやワザ

① 葉のつけ根に、図のような小さいV字の切り込みを入れる。

② 同様に小さいV字の切り込みを1周入れる。

③ 図のように、1周5〜6カ所包丁を入れて切れ目を入れる（包丁でぐっと持ち上げるようにすると切れ目が開く）。

茶せんなす

●材料
小なす
（または小ぶりのなす）

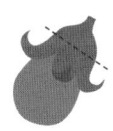

加熱　ちょいワザ

① 図のように、へたと実がくっついた部分にぐるりと1周切れ目を入れる。
※小なすの場合、へたが大きいので実についた余分なへたを取る。

② 余分なへたを、めくり取る。

③ 縦3〜4mm間隔で深い切れ目を入れる。揚げるなど加熱したあと、ひねって立たせる。

エリンギの妖精（ようせい）

●材料
エリンギ
ごま

加熱　はやワザ

① エリンギを縦に5mmほどの幅でスライスする。

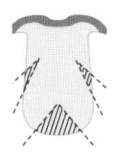

② 手足にあたる部分に、図のようにV字の切り込みを入れる。

③ ソテーしたあと、ごまで目をつける。
※目をつけるコツはP.37参照。

うさぎりんご

●材料
りんご

はやワザ

① りんごを6〜8等分の細めのくし切りにし、しんを取る。皮にV字の切れ目を入れる。

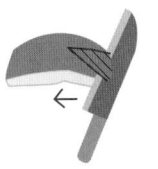

② 切れ目を入れた部分の皮をむき取る。1回でむき取れる位置にV字を入れるとやりやすい。

③ できあがり。

P.23～24の 切り方

リボンりんご

●材料
りんご

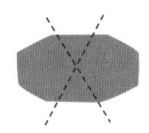

はやワザ

① りんごを6〜8等分のくし切りにし、しんを取る。皮にバツの筋を入れる。

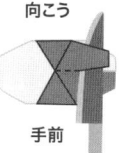

② リボンの形を残して皮をむき取る。向こう側から包丁を入れるとやりやすい。
（向こう／手前）

③ できあがり。

チェックりんご

●材料
りんご

ちょいワザ

① りんごを8等分のくし切りにし、しんを取る。

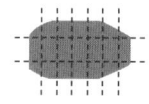

② 図のように、包丁で皮に筋を入れる。

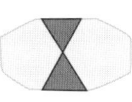

③ 筋にそってチェック模様になるよう皮をむき取る。中央の列は包丁の先端、または竹串を使うとやりやすい。

ぴょんぴょんうさぎりんご

●材料
りんご

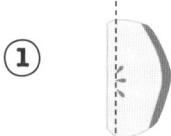

はやワザ

① りんごを8等分のくし切りにし、しんの部分を図のように切る。

② うさぎの耳をつくる。皮を図のようにV字に切り取り、耳を2つつくる。

③ ②の耳を少しずらして置く。

リボンバナナ

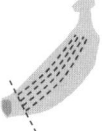

●材料
バナナ

●用意するもの
ピック

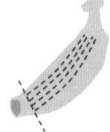

はやワザ

① バナナの先端を切り落として、皮に5mm弱の幅で切り込みを4本入れる。

② ①でできた3本のヒモのうち、真ん中の1本を切り取る。

③ 残った2本のヒモをリボンの形に整え、ピックでさして固定する。

Part1 毎日のおべんとうやごはんに添えたい飾り切り ～食材別飾り切り大集合！

ぶどうのお花

- 材料
  ぶどう

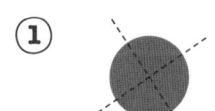

はやワザ

① ぶどうの皮（つるについていないほう）に十字の筋を入れる。

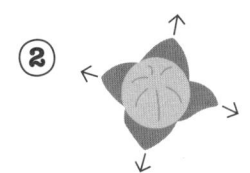

② 筋を入れた皮をむくように開く。

③ できあがり。

オレンジペンギン

- 材料
  オレンジ

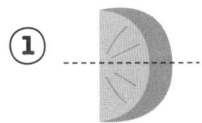

はやワザ

① 6～8等分のくし切りにしたオレンジを、図のように半分に切る。

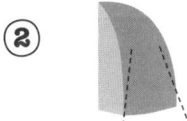

② 図のように、皮に切り込みを入れる。

③ 切り込みを広げて、ペンギンの羽に見立てる。

みかんうさぎ

- 材料
  みかん

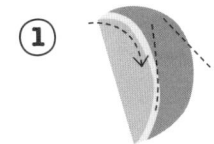

はやワザ

① みかんを6～8等分のくし切りにする。皮にハの字の切れ目を入れて、みかんの皮を半分くらいむく。

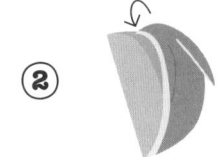

② 図のように、むいた皮を内に折り込む。

③ できあがり。

フラワー揚げパン

- 材料
  薄切りの食パン
  揚げ油
  砂糖（あればグラニュー糖）

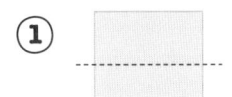

加熱 **ちょいワザ**

① 耳を取った食パンを半分に切る。

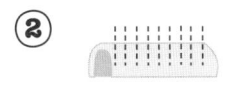

② ①をさらに半分に折り、図のように切り込みを入れる。

③ くるりと丸くする。端同士は、合わせて指で押さえてとめる。油で揚げて砂糖をまぶす。

飾りつけのアイデア大集合！
～もっとおいしい＆たのしいアイデアいっぱい

ごまで目をつけて苦手食材をかわいくしたり、切って並べるだけでユーモラスなキャラクターができたり。おいしくてたのしいアイデアを集めました。

ヤングコーンのタンポポ

ヤングコーン（缶詰・水煮）を輪切りにするとお花の形に。さやえんどうで葉っぱをあしらって。

パイナップルウインナー

ウインナーを端から2cmに切り、斜めにクロスするように細かく切れ目を入れます。加熱後、端に竹串などで穴をあけ、パセリを刺して飾ります。

ブロッコリーのフラガール

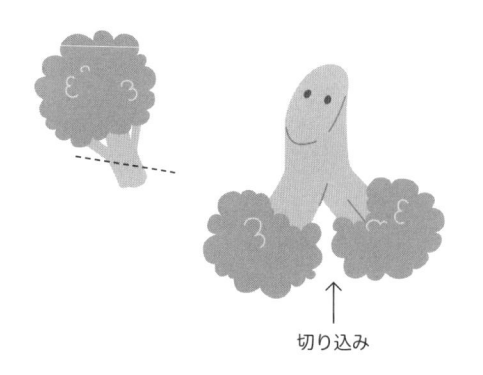

↑ 切り込み

ブロッコリーを小房に分け、切り口が斜めになるように軸を切り、加熱します。房のほうに切り込みを入れて左右に開き、軸の切り口にごまで目をつけると、ユーモラスなフラガールのできあがり。

Part1　毎日のおべんとうやごはんに添えたい飾り切り 〜食材別飾り切り大集合！

カニさんにんじん

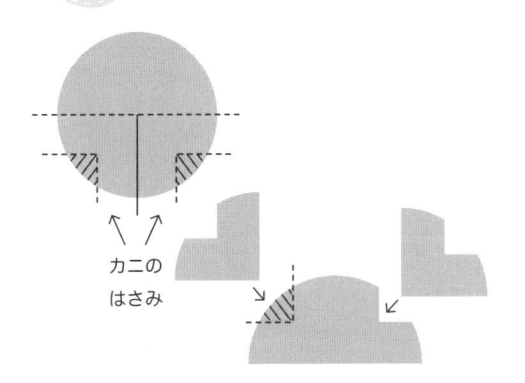

輪切りにして加熱したにんじんを、図のように切ります。半月の側面を三角形に切り落とし、ハサミをさしこんでできあがり。

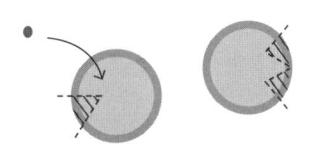

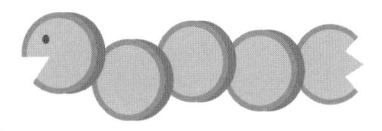

カニのはさみ

にょろにょろズッキーニ

輪切りにして加熱したズッキーニを、図のように並べるだけ！ 頭としっぽの部分は図のようにカットして、のりで目をつけます。苦手食材も思わずパクリ!? にんじんなどでもつくれます。

ちくきゅうリング

ちくわときゅうりを厚さ5mmに切り、きゅうりの中心を丸くくりぬいてリングにします。ちくわの輪を1カ所カットし、きゅうりのリングとつなぎます。

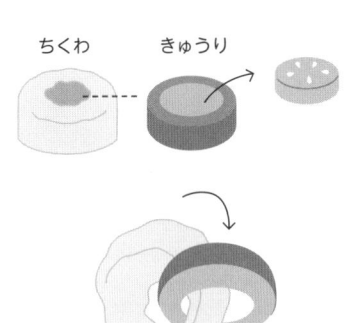

ちくわ　きゅうり

飾り細工に使える食材いろいろ

ごま
目をつけたいところに竹串などで穴をあけ、穴にごまをはめ込みます。1粒1粒のごまを扱うときは湿らせた竹串の先端を使うと便利。

のりや塩昆布
キッチンばさみで好みの形に切って使います。ちゃんとくっつけたいときはマヨネーズなどを接着剤代わりに。

スライスチーズ
つまようじを使ってカットすれば自由な形に切り抜けます。つまようじを少し寝かせるように使うと、うまくできます。

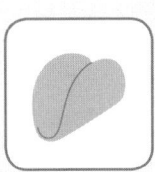

薄焼き卵
細工に使うときは固くならないよう焼くのがコツ。卵をよく溶いて茶こしでこし、焼き色がつかないようにテフロン加工のフライパンを使います。火は弱めにし、固まってきたらふたをして火を止め、しばらく置いてから裏返します。

ピーマンココット

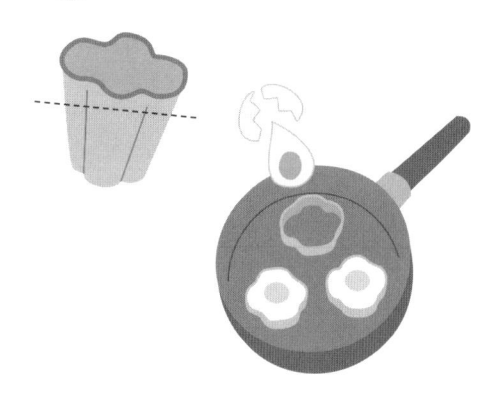

ピーマンを輪切りにしてフライパンに置き、うずら卵を割り入れて目玉焼きにします。苦手なピーマンもおいしく食べられるかな!?

セロリボート

セロリを使ってカナッペにするときにおすすめです。セロリを3〜4cmに切り、くぼんだ部分にサラダやツナなど、好きな具材をのせるだけ。ちょっとしたオードブルに最適です。

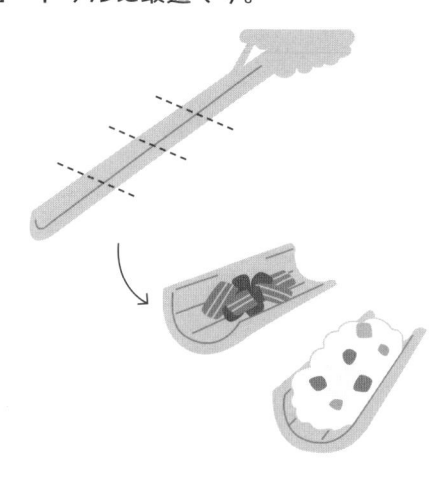

> P54〜55のお正月プレートで紹介します。おめでたい飾り切りとしてぜひ一緒に!

ちくわの門松

4〜5cmのちくわを1本と、3cmほどのちくわを2本用意します。斜め切りにした後、長いものを真ん中にして、両脇（わき）に短いものを並べます。ゆでた三つ葉で結び、南天の実を飾れば門松のできあがり。中にきゅうりを入れてもOK。

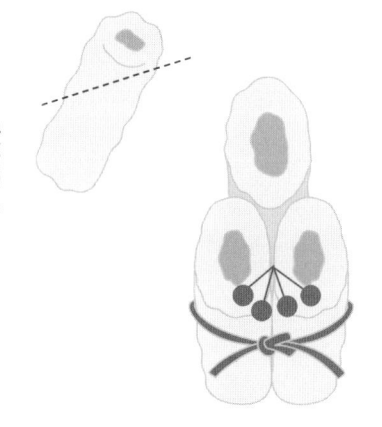

> 余った部分は端っこ食材としてがんもなどに活用できます!（→P.70）

> チーズなど、固めで四角形の食材なら応用可能です!

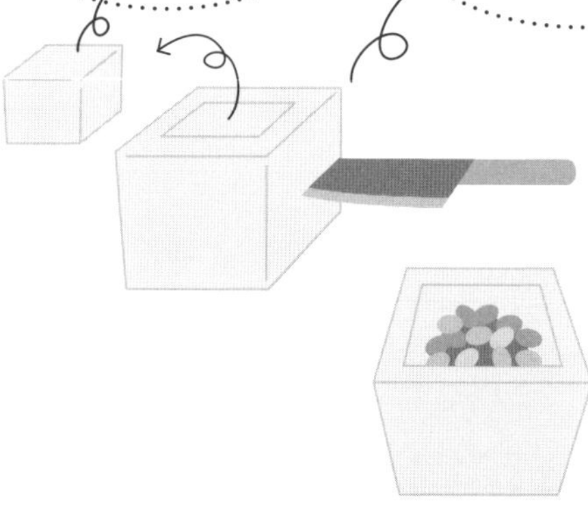

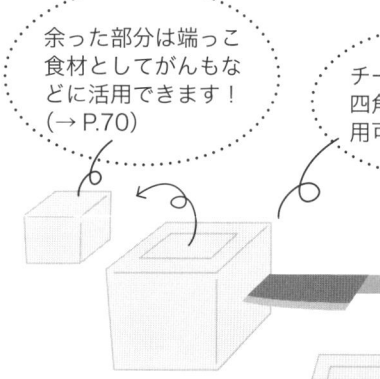

煮豆入り箱豆腐

固めの豆腐を四等分し、調味しただしで煮ます。豆腐の上から四角い切り目を入れ（深さは豆腐の厚みの半分くらいまで）、図のように横から包丁を入れて中心の四角を切り離します。煮豆やきんぴらを盛りつけます。黒豆を詰めると、お正月料理にもピッタリ!

Part1 毎日のおべんとうやごはんに添えたい飾り切り ～食材別飾り切り大集合！

カエルくんマフィン

マフィンと小さくて丸いビスケットを用意します。
マフィンに切れ目を入れてビスケットをさし込み、
チョコペンで目を描きます。
目の描き方のアレンジでいろんな表情のカエルが
できます！

鈴カステラのミニチョコバーガー

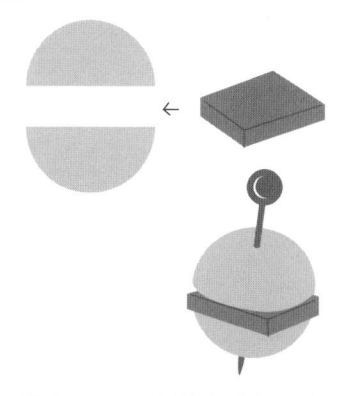

鈴カステラを横半分に切り、生チョコ（高さのあるものは適度な厚さにする）をのせてはさみます。ピックでさして止めればできあがりです。

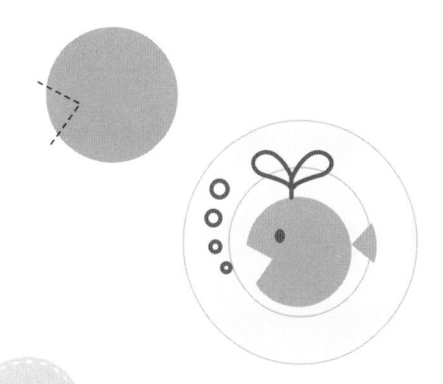

くじらパンケーキ

パンケーキをV字にカットし、切り取った部分をしっぽに。チョコペンで目などを描きます。

recipe
おいしくてヘルシー！ 水切りヨーグルト

かんたんにできる、
ヨーグルトのデザート。
生クリームがわりにも使えます。

ザルに目の細かいふきんかガーゼを敷いて、その上にプレーンヨーグルトを適量入れます。水を切るために、ザルの底がつかないようにボウルに入れ、2〜3時間冷蔵庫に置いておきます。ジャムやフルーツソースを添えて召し上がれ。

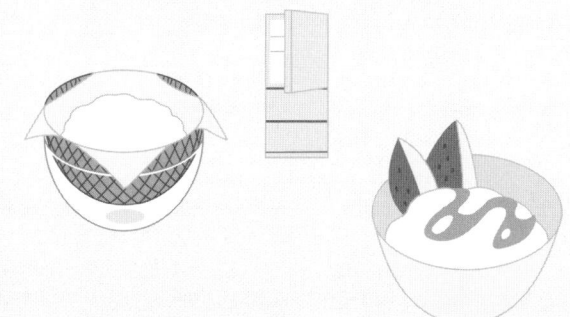

column

ほりえさちこの
笑顔いっぱいの飾り切り

　みんなで食べるおべんとう、お友だちを呼んでのちょっとしたパーティー、そして家族といっしょのごはん……。食事の時間は、幸せな時間です。

　そんなときに、かわいい飾り切りが入っていると、それだけで料理がとっても凝っているように見えるし、食べる人のテンションも上がりますよね。きっと話題も増えるはず。「すごーい！ これ、どうやって切ったの？ 教えて〜」と、たちまちカリスマ主婦に見えちゃったり。

　ご主人につくる愛妻べんとうも、愛情たっぷりの夫婦円満べんとうになるのでは？「料理上手な奥さんがいてうらやましい！」なんて同僚に思われちゃうかも。

　小さい子は、飾り切りがはいっているだけで大喜び。最後まで大切そうにとっておいてくれたり、真っ先に食べてくれたり。苦手な食材は、ちょっとかわいくしてあげれば「あっ、これかわいい！」と思って食べてくれるかも。好き嫌いの多い頑固ちゃんだったとしても、まずは食べたいな、食べてみようかなと思わせるきっかけづくりになります。

　おべんとうの中身を見て、お友だちが「あっ。それ、かわいくっておいしそう〜！」なんて言ってくれたら、なんだか得意になってパクリと食べちゃうかもしれませんよ。食わず嫌いの子にはうってつけですね。

　簡単な飾り切りだけでも、充分食事の時間が楽しくなります。

　幼いときの気持ちは、きっと大きくなってからも、大切な思い出として残っていると思います。「私のおかあさんは、いつもおべんとうに○○の飾り切り入れてくれたな〜」なんて。

　そんな笑顔がいっぱいになることを祈っています。

Part 2

パーティーを彩る飾り切り
～すてきなテーブルコーディネート

ちいさなお客さまも大満足!

お誕生日パーティー

お誕生日のパーティーを、飾り切りで楽しく盛り上げて。パーティーの主役には"エッグ坊や"をどうぞ。ちいさなお客さまもきっと満足するに違いありません。

メニュー
- エッグ坊やとハムの王冠
- お花かまぼこ
- クリームチーズ詰めきゅうりのカップ
- スティックベジタブル
- 風車ハムのサンドイッチ
- グラタン(ウインナーのバラ)
- ケーキ(いちごのお花)
- パイナップルボート
- ソーダ(レモンリボン)

ウインナーのバラ

いくつも飾りつければ、お花畑のよう。

おべんとうにも使える!

エッグ坊やとハムの王冠

王冠つきのエッグ坊やは、パーティーの主役が召し上がれ!

Part2　パーティーを彩る飾り切り　〜すてきなテーブルコーディネート

風車ハム
シンプルなサンドイッチの飾りつけに。

野菜など、幅広い素材に応用できる切り方です。

お花かまぼこ
ピンクのかまぼこで小さめにつくって愛らしく。

レモンリボン
ドリンクや料理のいろどりに。

きゅうりのカップ
お花が咲いたようなかわいいカップ。

中心に飾るいちごの向きはお好みで。

パイナップルボート
パイナップルが取り分けやすくなる飾り切り。

いちごのお花
いちごの飾り切りの定番。赤いいちごが花開きます。

➡ 切り方 P.44〜45

P.42〜43の 切り方

エッグ坊やとハムの王冠

- ●材料
  ゆで卵、ハム、ごま
- ●用意するもの
  ピック

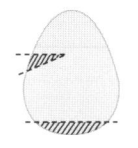

① ゆで卵が安定するように下部をカットする。エッグ坊やの口に当たるＶ字の切り込みを入れる。

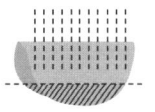

② ハムを半分に折り、図のように切り込みを入れる。

③ 丸めたハムの端をピックでとめ、エッグ坊やにさして固定する。ごまで目をつける。
※目をつけるコツはP.37参照。

ウインナーのバラ

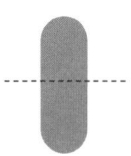

- ●材料
  ウインナー

① ウインナーを、半分に切る。

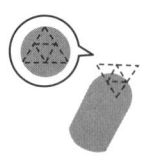

② 図のように、5mmくらいの深さまで切れ目を入れる。

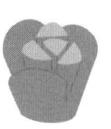

③ レンジで加熱すると、花びらが開きやすい。

お花かまぼこ

- ●材料
  かまぼこ

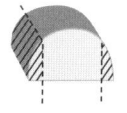

① 長さ2〜3cmに切ったかまぼこの両端を切り落とす。

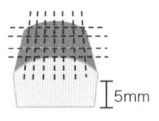

② 下を5mmくらい切り残し、縦横に細かく切れ目を入れる。

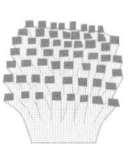

③ 指で広げるようにして花の形を整える。

風車ハム

- ●材料
  ハム、オリーブ（あれば）
- ●用意するもの
  ピック（すべりにくいもの）

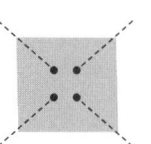

① 丸いハムは正方形に形を整え、図のように4カ所切り込みを入れる。

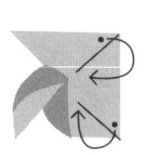

② 切り込みを入れた4辺の片方を、中心に集める。

③ 中心をピックでとめて、好みでオリーブを飾る。

Part2　パーティーを彩る飾り切り ～すてきなテーブルコーディネート

きゅうりのカップ

●材料
きゅうり

ちょいワザ

① きゅうりの端を、図のように5辺に整える。

② 5枚の花びらができるように、少しだけ切り残して深く切れ目を入れる。

③ そっとねじるようにしてカップを外す。

レモンリボン

●材料
レモン

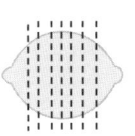

はやワザ

① レモンを薄く輪切りにする。

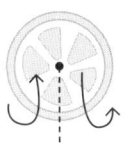

② 皮から中心まで1カ所切り込みを入れ、左を手前に、右を後ろへねじる。

③ できあがり。

いちごのお花

●材料
いちご

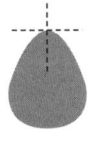

はやワザ

① いちごに深く十字の切れ目を入れる。

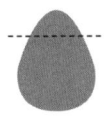

② 別のいちごの先端を、3分の1くらいカットする。

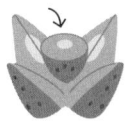

③ ①を開いて、その間に②をのせる。とがったほうを下にするとのせやすい。

パイナップルボート

●材料
葉つきのパイナップル

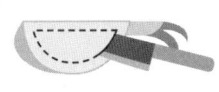

ちょいワザ

① パイナップルを4～6等分して、包丁で図のように中身をくりぬく。

② くりぬいた中身を1cm幅くらいに切る。

③ ①に②を交互にずらして飾りつける。

ホームパーティー

オードブルの飾りつけはおまかせ！

大人のためのホームパーティーにもかざり切りでステキな演出を。ワインに合わせたいおつまみやカナッペを、飾り切りでつくった器にセンスよく盛りつけて。

メニュー
- ローストビーフとサラダ（マッシュポテト、ラディッシュのバラ、レモンうさぎ）
- ミックスサラダ（ホタテダイヤモンド）
- トマト風味サラダパスタ（パプリカのゆりかご）
- カナッペ（きゅうりのお舟、カマンベール）
- フルーツとスイーツの盛り合わせ（りんごの小箱、オレンジボート、マンゴーダイスカット）

ホタテダイヤモンド

ホタテの貝柱をダイヤモンドに見立てた飾り切り。

刺身用の生の貝柱でもできます。

パプリカのゆりかご

カラフルなパプリカは、サラダやディップの盛りつけにおすすめ。

Part2　パーティーを彩る飾り切り　～すてきなテーブルコーディネート

きゅうりのお舟
アイデア勝負！　目先の変わったカナッペに。

ラディッシュのバラ
ラディッシュの赤に白の切り込みが映えます。

りんごの小箱
「どうやって切るの？」話題になること必至のデザート。ミントを飾ってもステキ。

オレンジボート
皮をひねっているので、実が食べやすくなります。

マンゴーダイスカット
人気のマンゴーを盛りつけるときの定番の飾り切り。

固すぎず熟れすぎず、食べごろのマンゴーが適しています。

レモンうさぎ
香りづけに添えるレモンにも、さりげない飾り切りを。

➡ 切り方 P.48～49

47

P.46〜47の 切り方

ホタテダイヤモンド

●材料
貝柱

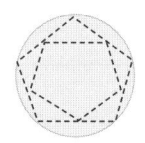

加熱 / はやワザ

① 貝柱に、図のように深さ5mmくらいの切れ目を入れる。

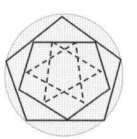

② 同様に、図のように切れ目を入れる。

③ 調理する。刺身用でもできます。

パプリカのゆりかご

●材料
パプリカ

●用意するもの
リボン

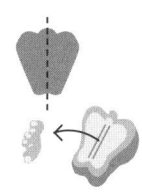

ちょいワザ

① パプリカを半分に切り、ヘタとしんを取り除く。

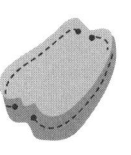

② パプリカの切り口を、切り離さず図のように切る。

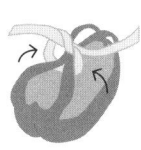

③ ②で切ったところを持ち上げ、リボンで結ぶ。

きゅうりのお舟

●材料
きゅうり

●用意するもの
ピック

はやワザ

① 長さ5cmくらいに切ったきゅうりを、縦半分に切る。

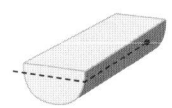

② 図のように、切り口側を薄く切り離さないように切る。

③ 帆になる部分を起こして、ピックで支える。

ラディッシュのバラ

●材料
ラディッシュ

ちょいワザ

① ラディッシュの根のほうに、V字の切り込みを3カ所入れる。

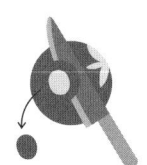

② 花びらをつける。丸く薄く削ぎ取り、その外側に切れ目を入れていく。切れ目を入れるとき、花びらを押し開く。

③ 同様に1周して、できあがり。

Part2　パーティーを彩る飾り切り ～すてきなテーブルコーディネート

りんごの小箱

●材料
りんご

すごワザ

① 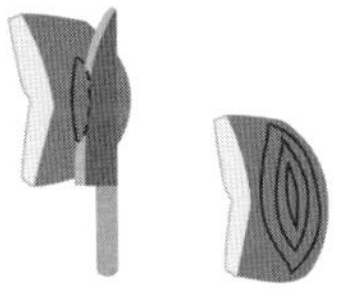 りんごを6等分のくし切りにしてしんを取り、皮にV字の切り込みを3回入れる。

② 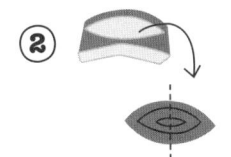 V字に切り込んだ部分を取り出して、真ん中で半分に切る。

③ 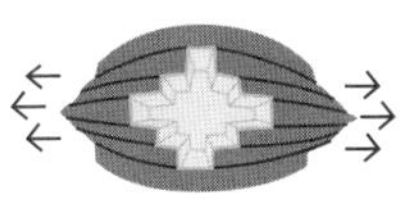 ②を少しずつずらして戻し入れる。

オレンジボート

●材料
オレンジ

はやワザ

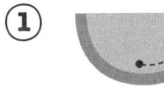

① くし切りにしたオレンジの皮を、半分くらいむく。

②  皮に、図のように切り込みを入れる。

③  ②の切り込みを内側に折り込み、果肉を持ち上げるようにする。

マンゴーダイスカット

●材料
マンゴー

はやワザ

① 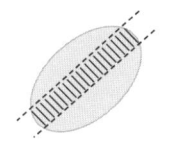 種の部分を除いてマンゴーを切る。

② 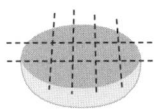 皮を切ってしまわないように、果肉に縦横の切れ目を入れる。

③ 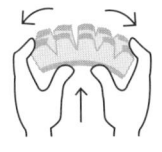 皮側を押して果肉を持ち上げ、皮が反り返るようにする。

レモンうさぎ

●材料
レモン

はやワザ

①  くし切りにしたレモンの切り口の皮の端を、3分の1ほど残して切る。

② 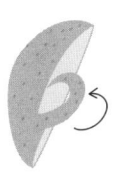 ①で切ったところを内側に丸め込む。

③  反対側も同様にする。

クリスマスパーティー

クリスマスを演出する飾り切り！

ツリーに飾りつけたくなるような、クリスマスディナーにぴったりの飾り切り。りんごの木の葉やキウイのキャンドルが、クリスマス気分を盛り上げてくれます。

メニュー
- フライドチキン
- ポテトサラダのクリスマスツリー（雪柄れんこん、きゅうりのリース、ウインナー靴下）
- フルーツの盛り合わせ（木の葉りんご、キウイのキャンドル、いちごサンタ）
- ブッシュ・ド・ノエル（いちごサンタ）

きゅうりのリース

「蛇腹きゅうり」の切り方でクリスマスリースのできあがり。

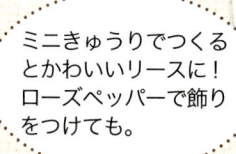

ミニきゅうりでつくるとかわいいリースに！ローズペッパーで飾りをつけても。

雪柄れんこん

れんこんでつくる雪の結晶。

Part2　パーティーを彩る飾り切り ～すてきなテーブルコーディネート

木の葉りんご
赤い木の葉がクリスマスらしい。

切り込みを減らしても、かわいい素朴な木の葉になります。

キウイのキャンドル
クリスマスのキャンドル風に。いちごをのせれば火が灯（とも）ったみたいに。

プラスアイデア ＋ 簡単にできる！クリスマスを飾る小物たち ＋

いちごサンタ

半分に切ったいちごにマシュマロをはさむと、かわいいサンタに！　チョコペンで目やボタンを描きましょう。

ウインナー靴下

靴下はハートウインナー（切り方はP.25）とほぼ同じつくり方。ウインナーを1：2に切って、長いほうの端を切り落とします。ピックのかわりに揚げパスタ（→P.73）でつなげば、そのまま食べられます。リボンはスライスチーズで飾ります。

51　→ 切り方 P.52

P.50〜51の切り方

🌸 雪柄れんこん

●材料
れんこん

[加熱] [はやワザ]

① れんこんをスライスする。

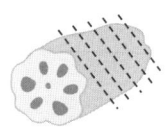

② 図のようにカットする。

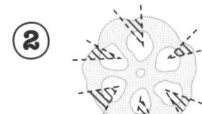

③ 調理する。

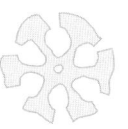

🌀 きゅうりのリース

●材料
きゅうり（またはミニきゅうり）
ローズペッパー（あれば）
塩

[ちょいワザ]

① 表／裏返して／裏　きゅうりを蛇腹切りにする。

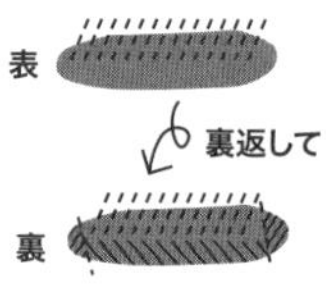

② 塩をふってしんなりさせる。

③ くるりと巻く。好みでローズペッパーを飾りつける。

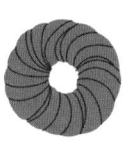

🍃 木の葉りんご

●材料
りんご

[ちょいワザ]

① りんごを8等分のくし切りにし、しんを取る。皮目にV字の切り込みを入れていく。

② 図のように、内側から順にV字の切り込みを入れる。

③ 少しずつずらしてできあがり。

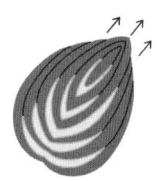

🥝 キウイのキャンドル

●材料
キウイ

[ちょいワザ]

① キウイの上下の端を切り取り、6等分になるように皮に浅く筋を入れる。

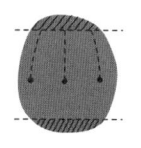

② ①の筋にそって、3分の2ほど皮をむく。

③ ②でむいた皮を内側に折り込む。

Part 3

和食を彩る飾り切り
～和の食卓をワンランクアップ！

飾り切りで
お祝い！

お正月プレート

羽子板、矢羽根、松に梅……おめでたい形をかたどった飾り切りを、和風の盆にディスプレイ。それだけでおしゃれなお正月気分が味わえます。

紅白羽子板

にんじんとだいこんで紅白に
つくって、お正月らしく。

お吸いものや
酢のものにも。

煮ものや酢
ばすに。

矢羽根れんこん

邪気を払う矢羽根をかたどる
定番の飾り切り。

Part3 和食を彩る飾り切り ～和の食卓をワンランクアップ！

松だいこん
松は長寿のしるし。

（白い色を生かしてふろ吹きにするのもおすすめ。）

手綱かまぼこ
つくり方はとてもかんたん。何個かつなげて飾ってもかわいい。

ねじり梅
春をもたらす梅。伝統的な包丁技です。

（煮もののいろどりにもピッタリ！）

ちくわの手おけ
お正月の若水をくむ、手おけのモチーフ。

きゅうりの蘭（らん）
祝い花の代表・蘭をかたどったきゅうり。

ちくわの門松
ちくわの門松のつくり方は P.38

結びちくわ
ちくわでつくる、おめでたい「結び」のかたち。

➡ 切り方 P.56～57

P.54～55の切り方

紅白羽子板

●材料
にんじん
だいこん

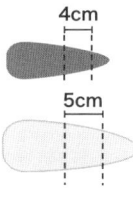

加熱 / はやワザ

① にんじん、だいこんの皮をむき、4〜5cmに切る。（4cm／5cm）

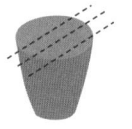

② 数mm幅に切る。

③ 羽子板の形に切り整えて調理する。

矢羽根れんこん

●材料
れんこん

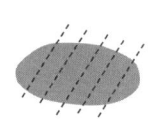

加熱 / はやワザ

① れんこんを2cm幅の斜め切りにして調理する。

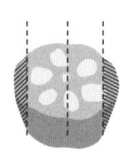

② 両端を切り落とし、真ん中で2つに切る。

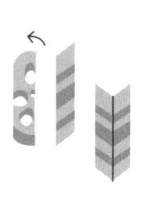

③ 真ん中の断面を上に向け、矢羽根の形にそろえて並べる。

松だいこん

●材料
だいこん

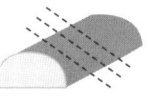

加熱 / ちょいワザ

① 適当な厚みでだいこんを半月切りにする。

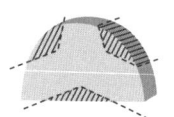

② 図のように、3カ所を切り落とす。

③ ②の切り口をなめらかにして（同時に皮をむく）、調理をする。

手綱かまぼこ

●材料
かまぼこ

はやワザ

① 1cmくらいの幅に切ったかまぼこの、色のついたところを、図のように3分の2ほど切る。

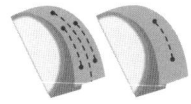

② ①で切ったところの中央に、縦の切れ目を入れる（手綱を2つつくるときは左のように切る）。

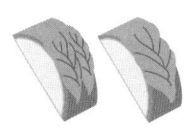

③ ②の切れ目に端を下から1回くぐらせる。

Part3 和食を彩る飾り切り ～和の食卓をワンランクアップ！

ねじり梅

●材料
にんじん

加熱 / ちょいワザ

① 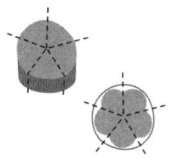 にんじんを1cm弱の輪切りにして、5等分になるよう切り口と側面に筋をつける。

②  ①でつけた筋を目安に、梅の形に整える（同時に皮をむく）。

③  斜線の部分を斜めにけずり取って調理をする。

ちくわの手おけ

●材料
ちくわ

ちょいワザ

① 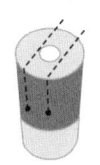 ちくわを長さ5cmくらいに切り、図のように切れ目を入れる。

② 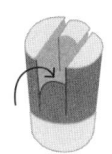 細い2本を内側へ折りこみ、ちくわの穴にさしこむ。

③ 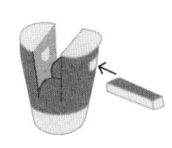 残った2本の真ん中に、取っ手を通すための穴を開ける。包丁でさして小さな穴を開けるだけでもOK。余りのちくわでつくった細長い棒を通す。

きゅうりの蘭

●材料
きゅうり
塩

ちょいワザ

①  長さ5cmくらいに切ったきゅうりを、縦半分に切る。

②  図のように4本の切り込みを入れ、塩をふってしんなりさせる。

③  図のように2カ所を中心に向かって折り込む。

結びちくわ

●材料
ちくわ（肉厚でないものがやりやすい）

すごワザ

① 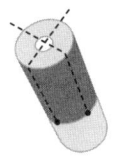 ちくわを長さ6cmくらいに切る。端の白い部分を2cmくらい残して、切り口に十字の切れ目を入れる。

② 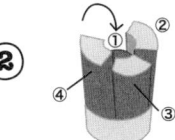 ①を穴にさしこむ。

③  ①をまたいで②を穴にさしこみ、③は②をまたいで穴にさしこむ。④は①を折り曲げたすき間にくぐらせる。くぐらせて余りが出ればつき出したままにしてもOK。

匠の技に挑戦！
伝統の包丁テクニック

飾り切りは和食の包丁技から発達してきたもの。目を楽しませると同時に、食べやすく、また味をよくする工夫が凝らされています。

酢のものや漬けものに。

たけのこの亀

おめでたい場面に添えたい亀の飾り切り。

かみなりきゅうり

グルグルとねじれたきゅうり。

煮ものにどうぞ！

Part3 和食を彩る飾り切り ～和の食卓をワンランクアップ！

花形えび
赤い花が咲いたように見えます。

お吸いものなど、幅広く使えます。

波きゅうり
きゅうりを波の模様に見立てた切り方。

生で飾りつけに使います。

かまぼこのあやめ
前菜の盛りあわせに添えると映えます。

にんじんの蝶
羽を広げた蝶の形。

かまぼこ結び
お吸いものによく使われる飾り切り。

かまぼこ飾り
かまぼこでつくるお祝いのモチーフ。

➡ 切り方 P.60～61

P.58〜59の 切り方

かみなりきゅうり

- ●材料
  きゅうり
- ●用意するもの
  菜ばし

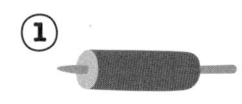

すごワザ

① ヘタを落としたきゅうりの中心に菜ばしを通し、種のまわりをかき出す。

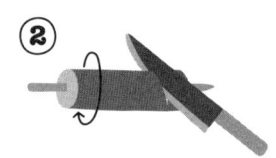

② 菜ばしを穴に通したままにして、らせん状にきゅうりのまわりを切っていく。包丁を斜めに当てて、きゅうりを持って回して切るとやりやすい。

③ 菜ばしをはずす。

たけのこの亀

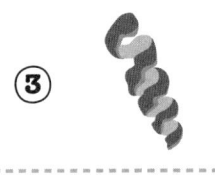

- ●材料
  水煮たけのこ

加熱 すごワザ

① 長さ8cm、5cm幅くらいの水煮たけのこを使うとよい。たけのこを縦2つに切り、図のように頭と手をつくる。

② こうらのまわりはV字に切り込んで形づくり、模様は斜め格子状に切れ目を入れる。

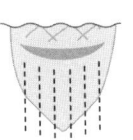

③ 穂先に縦の細かい切り込みを入れ、しっぽにする。調理をする。

波きゅうり

- ●材料
  きゅうり
  塩

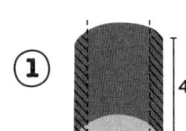

ちょいワザ

① 長さ4〜5cmのきゅうりを縦半分に切り、左右の端を切る。

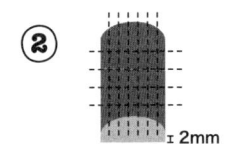

② 2mmくらい切り残して縦に細かく切れ目を入れ、横にも1cm幅で同様にする。

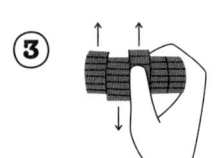

③ 塩をふってしんなりさせ、図のように交互にずらす。

花形えび

- ●材料
  えび

加熱 ちょいワザ

① ゆでたえびの頭と殻を取る。しっぽの先を切り落とし、背側から深く切れ目を入れる（同時に背ワタを取ると手間がはぶけます）。

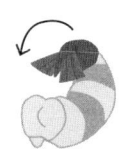

② 尾をひねる。

③ 頭のほうにしっぽをして固定する。

Part3 和食を彩る飾り切り 〜和の食卓をワンランクアップ！

にんじんの蝶

●材料
にんじん

すごワザ

① 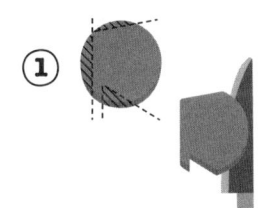 2〜3mm幅の輪切りにしたにんじんを、図のように切る。左側を少し切り残して厚みを半分にする。

② 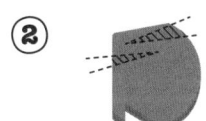 図のように切る。

③ 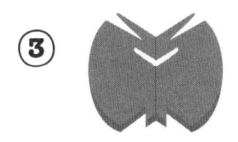 ①で切った羽を開く。

かまぼこのあやめ

●材料
かまぼこ

すごワザ

①  1cm強の幅のかまぼこに、下部を切り離さないよう4本の深い切れ目を入れる。

② 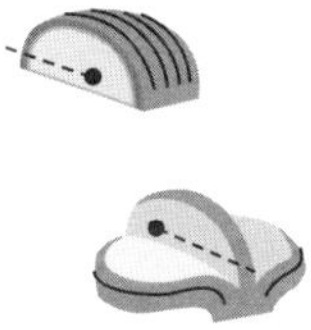 両端の花弁は手前3分の1を残して切る。中央は奥の3分の1を残して切る。

③  両端の花弁は内側へ丸め、中央は奥へ丸める。

かまぼこ飾り

●材料
かまぼこ

すごワザ

①  1cm弱の幅のかまぼこに、3分の1くらい切り残して2本切り込みを入れる。

② 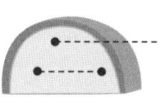 図のように切る。

③ 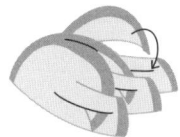 図のように3辺を穴に通す。

かまぼこ結び

●材料
かまぼこ

ちょいワザ

① 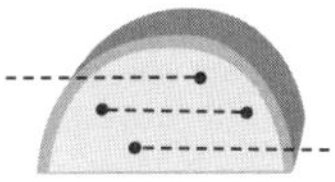 1cm弱の幅のかまぼこに、図のように切り込みを入れる。

②  上の部分を手前から穴に通す。

③  下の部分は裏側から穴に通す。

煮ものもかわいくおめでたく！ 華やか吹き寄せ

伝統的な飾り切りには、縁起の良いモチーフがたくさんあります。おめでたい形をたきあわせて、ぜいたくな吹き寄せにしてみてはいかが？

花れんこん
れんこんの形を生かしてつくるお花。

薄く切って酢のものにも使われます。

亀甲（きっこう）しいたけ
亀の甲に見立てた飾り切り。

Part3 和食を彩る飾り切り 〜和の食卓をワンランクアップ！

末広たけのこ
細かく包丁を入れることで食べやすくなります。

とさかにんじん
乱切りにひと工夫すると、鶏のとさかの形に。

鶴の子いも
こいもを鶴の子に見立てる伝統的な切り方。

手綱こんにゃく
切ってねじれば、あらふしぎ。

矢羽根さやえんどう
煮もののいろどりに欠かせない、さやえんどうの飾り切り。

ゆず松葉
お吸いものの香りづけや天盛りに使います。

ゆずの色と香りが煮ものを引き立てます。

➡ 切り方 P.64〜65

P.62〜63の 切り方

🌸 花れんこん

●材料
れんこん

[加熱] [はやワザ]

①  れんこんを適当な厚さに切る。

② 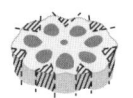 図のように穴にそって切る。

③  調理する。

⌗ 亀甲(きっこう)しいたけ

●材料
しいたけ

[加熱] [はやワザ]

① 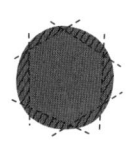 しいたけを亀の甲の形(6角形)にする。

②  V字の切り込みを4つ入れて、「井」の形に切る。

③  調理する。

末広たけのこ

●材料
水煮たけのこ

[加熱] [はやワザ]

① 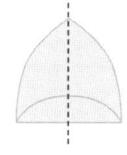 水煮たけのこの先端を5cmくらいに切り、図のように切る。

② 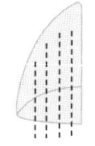 上端を切り残し、細い幅の切り込みを入れる。

③  切り込みを開いて調理する。

とさかにんじん

●材料
にんじん

[加熱] [ちょいワザ]

①  手ごろな長さ(5cmくらい)のにんじんの皮をむき、深くV字の切り込みを入れる。

②  ぐるりと一周、同様の切り込みを入れる。

③  にんじんを回しながら、斜めに切っていく(乱切り)。調理をする。

Part3 和食を彩る飾り切り ～和の食卓をワンランクアップ！

鶴の子いも

● 材料
こいも（里いも）

① こいもの上下の端を切り、6角柱になるように厚めに皮をむく。

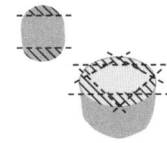

② 図のように、深さ5mmくらいまで切れ目を入れる。

③ ②の三角形が鶴の顔になるよう、横から包丁を入れて切る。調理する。

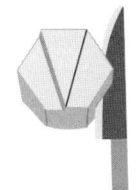

手綱こんにゃく

● 材料
こんにゃく

① 短冊に切ったこんにゃくの中心に切り込みを入れる。

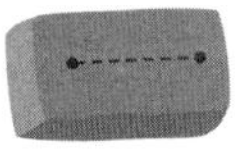

② 片方の端を中心の穴に通す。

③ 通した部分を手前に引き出す。調理する。

矢羽根さやえんどう

● 材料
さやえんどう

① 筋を取り、つる付きのところを切り落とす。

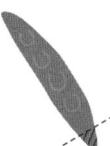

② 先端をV字に切る。

③ 調理する。

ゆず松葉

● 材料
ゆずの皮

① 適当な大きさの短冊をつくる。

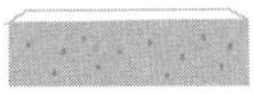

② 折れ松葉の場合は上のように、二葉の松葉の場合は下のように切る。

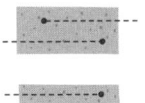

③ 折れ松葉は、左上と右下を交差させて三角形をつくる。二葉は、切り込みを開いて松葉の形にする。

和風おかずに添える飾り切り

お刺身も豪華に！

お刺身や焼き魚にちょっとしたいろどりが加わると、ふだん着のおかずがごちそうになります。香り野菜を使えば味の変化も楽しめます。

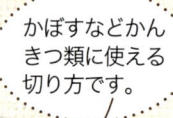

すだちリボン
お刺身や焼き魚の添えものに、あそびごころを加えて。

かぼすなどかんきつ類に使える切り方です。

ひらひらスティックセロリ
香りのよいセロリは、添え野菜にぴったり。

Part3 和食を彩る飾り切り 〜和の食卓をワンランクアップ！

こよりうど

こよりのようにねじれたうどは、お吸いものやお刺身のつまに使います。P.66の写真ではお吸いものの中に入っています。

ぎざぎざにすることでしょうゆもからみやすくなります。

ぎざぎざかまぼこ

板わさにおすすめの切り方です。

プラスアイデア ＋ **お刺身のいろどり野菜** ＋

扇だいこん

だいこんのつまも切り方を変えれば、目先が変わってごちそう感が出ます。末広たけのこ（切り方はP.64）と同様に細かく切り込みを入れます。

松きゅうり

お魚きゅうり（切り方はP.32）を大きめにつくると、松に見立てた立派な飾り切りになります。松きゅうりの場合、P.32にある切り方②の縦の切れ目を入れるときに、手前（魚の顔にあたる部分）を残さないようにします。

➡ 切り方 P.68

P.66〜67の切り方

すだちリボン

●材料
すだち

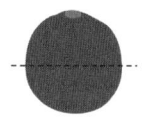

ちょいワザ

① すだちを半分に切る。

② 皮の端を断面にそって面取りするようにむいていく。少しだけ残しておく。

③ むいた皮を、くるりと結ぶ。

ひらひらスティックセロリ

●材料
セロリ

はやワザ

① セロリを棒状に切る。

② 図のように薄くそぐように切り込みを入れる。

③ 水につけておくと、切り込みが開く。

ぎざぎざかまぼこ

●材料
かまぼこ

はやワザ

① かまぼこ板とかまぼこの間に包丁を入れる。

② 包丁の先端を押さえて固定し、かまぼこの端から1cmのところに包丁を入れ、包丁のアゴを左右に小刻みに動かしながら切り下ろす。

③ 同様にして、1cm幅に切っていく。

こよりうど

●材料
うど（太めの部分）

加熱　ちょいワザ

① 長さ6〜7cmに切ったうどの皮をむき、桂むきにする。

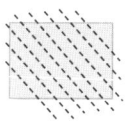

② ①を広げて、図のように5mm幅の斜め切りにする。

③ 水につけておくと、くるりとねじれる。お吸いものに入れたり、そのまま刺身のつまに。

Part 4

飾り切り便利帳
～知って得する豆知識がいっぱい！

- かんたん エコ・レシピ
- あると便利な 道具紹介
- レンジと フリーザー 活用術

> 端っこ食材を活用！

かんたんエコ・レシピ

飾り切りでできた野菜やその他の端っこ食材を、おいしく食べるためのレシピを紹介します。端っこが余ったときに粗くみじん切りにして冷凍しておけば、いつでも使えて便利です。端っこ食材の組み合わせで、さまざまな味が楽しめます！

recipe 1

端っこ食材の 手づくりがんも

【材料】（2人分／端っこ食材以外）
木綿豆腐…1/2丁／卵…1個／
顆粒和風だし…小さじ1/2／片栗粉…大さじ1／
しょうが汁…適量／桜えび…適宜／揚げ油…適量

水気をしっかりきった木綿豆腐をボウルに入れてくずし、粗くみじん切りした端っこ食材、溶き卵、顆粒和風だし、片栗粉、しょうが汁を混ぜる。好みで桜えびなどを入れてもよい。

スプーンですくって丸く形をつくれるくらいの硬さにして、こんがり揚げる。

recipe 2

端っこ食材の ミネストローネ

【材料】（2人分／端っこ食材以外）
ベーコン…1枚／水…2カップ／トマト缶…1/2カップ／
コンソメ…小さじ1／にんにく…1/2かけ／
砂糖・塩・こしょう…適量／マカロニ（好みで）…30ｇ／
オリーブ油…適量／ローリエ（あれば）…1枚

端っこ食材は粗く刻む。にんにくをみじん切りにし、オリーブ油で炒める。適当な大きさに切ったベーコンと、端っこ食材も加えて炒め、水・コンソメ・トマト缶を加えて煮る。あればローリエを加える。好みでゆでたマカロニを加える。砂糖少々と塩、こしょうで味をととのえる。

Part4 飾り切り便利帳 〜知って得する豆知識がいっぱい！

recipe 3
端っこ食材の お好み焼き

【材料】（2人分／端っこ食材以外）
小麦粉…150ｇ／だし汁…150cc／卵…1個／紅しょうが…適量／豚肉・えび…適宜／ソース・かつおぶし・青のり…適量／油…適量

小麦粉、だし汁、卵で衣をつくり、粗く刻んだ端っこ食材と紅しょうがを混ぜる。好みで豚肉やえびなどを加えてもよい。

フライパンに油を熱し、生地を流し入れて両面を焼く。ソース、かつおぶし、青のりなどをかけていただく。

recipe 4
端っこ食材の ミートソース カレーソース

【材料】（2人分／端っこ食材以外）
◆ミートソース：ひき肉…200ｇ／トマトジュース…1カップ／ケチャップ…大さじ2／ソース…大さじ1／にんにく…1/2かけ／コンソメ…小さじ1／塩・こしょう…適量／オリーブ油…適量
◆カレーソース：肉（お好みの種類）…200ｇ／水…1と1/2～2カップ／カレールウ…50～60ｇ／にんにく…1/2かけ／しょうが…1/2かけ／オリーブ油…適量

ミートソースは、オリーブ油を熱してにんにくのみじん切りを炒め、ひき肉・みじん切りにした端っこ食材を加えて炒める。トマトジュース・ケチャップ・ソース・コンソメを加えて煮詰め、塩・こしょうで味をととのえる。
カレーソースは、オリーブ油を熱してにんにくとしょうがのみじん切りを炒め、肉と端っこ食材を炒めて水・カレールウを加えて煮込む。

ミートソース　　カレーソース

端っこきゅうりのおいしい食べ方は？

きゅうりの飾り切りをつくってできた端っこは、こんな風に活用して！

- **キムチきゅうり**……キムチに、食べやすい大きさに切った端っこきゅうりを混ぜる。
- **もずくきゅうり**……もずく酢などに、食べやすい大きさに切った端っこきゅうりを混ぜる。
- **きゅうりのコールスロー**……食べやすい大きさに切った端っこきゅうりに軽く塩をふってもむ。水気をしぼり、缶詰のコーンとマヨネーズを混ぜる。

飾り切りに便利！
レンジとフリーザー活用術

レンジとフリーザーを使えば、飾り切りが手早くできます。
正しい冷凍・解凍の方法と、保存期間も知っておきましょう。

レンジ

飾り切りのウインナーを加熱するコツ

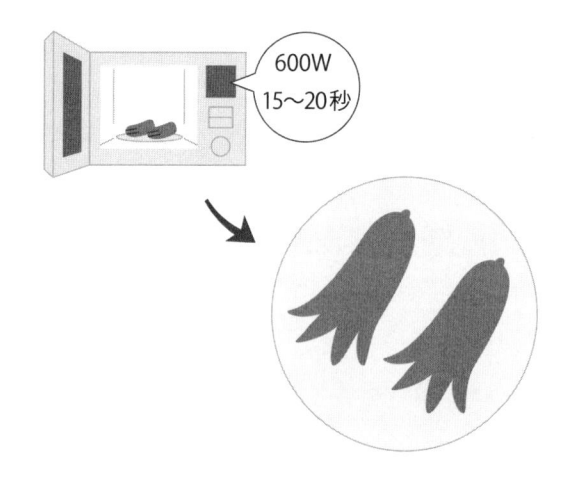

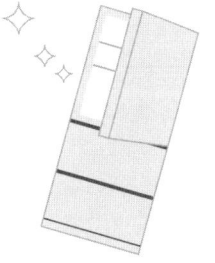

600W
15〜20秒

ウインナーはレンジで調理すると手間がはぶけます。加熱しすぎるとかたくなってしまうので、様子を見ながら短時間レンジにかけます。目安は、ウインナー2〜3本で15〜20秒。

また、レンジにかけると切り込みが開きやすくなるので、マーガレットウインナー（切り方はP.25）やひとでウインナー（P.26）、タコさんウインナー（P.27）はレンジ加熱がおすすめです。

切り込みが開かないほうがよいハートウインナー（P.25）やくわがたウインナー（P.26）は、ゆでる（または焼く）のがよいでしょう。

かぼちゃの飾り切りはレンジ調理がおススメ

かぼちゃの葉っぱ（切り方はP.31）で煮ものをつくるとき、飾り切りしたあとになべで煮ると、せっかくの飾り切りが煮崩れしてしまうことがあります。

耐熱容器に入れて、水・砂糖・うす口しょうゆなどで好みの味に調味し、ラップをしてレンジ加熱をすると、きれいなまま仕上がります。

少量なら、3分ほど加熱し、さっと混ぜてもう一度1分ほど加熱します。容器の大きさによって異なりますので、かたさを見ながら加熱するのがおすすめです。

Part4 飾り切り便利帳 ～知って得する豆知識がいっぱい！

フリーザー

*主な食材の冷凍・解凍方法と保存期間

素材	冷凍するとき	解凍と調理	保存期間の目安
ウインナー	加熱せずに飾り切りし、冷凍	冷凍のまま加熱して調理	冷凍庫で2カ月
野菜（だいこん、にんじん、たけのこ、れんこんなど）	飾り切りしたものをゆでてから冷凍	自然解凍または冷凍のまま加熱して調理	冷凍庫で2週間
ハム	1枚ずつラップに包み、保存袋に入れて冷凍	自然解凍後、飾り切り	冷凍庫で1カ月
イカ	加熱せずに飾り切りし、冷凍	冷凍のまま加熱して調理	冷凍庫で1カ月
薄焼き卵	1枚ずつラップに包み、保存袋に入れて冷凍	自然解凍後、飾り切り	冷凍庫で2週間
揚げパスタ	揚げて冷めたらタッパーに入れて冷凍	自然解凍	冷凍庫で2カ月

冷凍庫に飾り切りストックを

時間があるときに飾り切りしておいて、密閉できるビニール袋に入れ、冷凍庫にストックしておきます。ウインナーの飾り切りにおすすめの方法です。使いたいときに冷凍庫から出して、そのまま加熱すればOK。飾り切りにしたゆで野菜でもできます。

飾り切りに便利な揚げパスタは冷凍可能

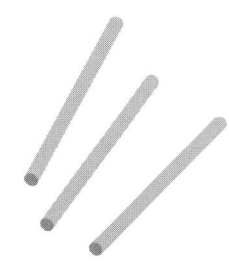

隠しピックとして使えて、しかもそのまま食べられる揚げパスタは、飾り切りのお助け食材です。でも、わざわざパスタを揚げるのは面倒。そんなときは、一度にたくさん揚げて冷凍しておきましょう。凍ったままで使え、自然解凍でOK。冷蔵でも1週間くらい保存可能です。

つくり方は簡単です。中火以下できつね色になるまで揚げます（フライパンに1cmくらいの油を入れて揚げてもOK）。揚げたてに塩をふれば、おやつやおつまみにもピッタリです。

あると便利な 道具紹介

こんな道具があれば、おべんとうやおかずの飾りつけがもっと楽しく、もっとラクちんに！

型抜き

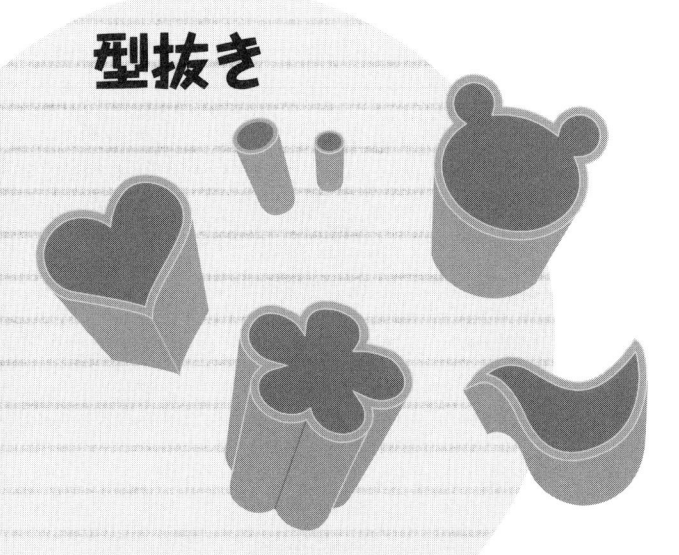

型抜きは、お好みの形をいろいろそろえると楽しいものです。野菜などの具材を型に抜くだけでなく、アイデア次第でいろいろな使い方ができますよ。

盛りつけに活用

少し大きめの型抜きを使えば、ごはんをかわいい形に盛りつけることができます。カレーやハッシュドビーフなどのときにおすすめ。P.13のおべんとうでは、そぼろごはんにクマの型抜きを使っています。

くり抜きサンドイッチ

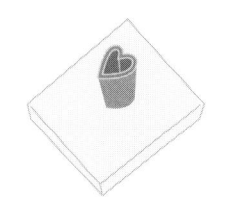

サンドイッチをつくるときに、2枚のパンの片方を小さめの型抜きでくり抜くと、中にはさんだ具がちょっと見えるのがアクセントになります。

目玉焼きを好みの形に

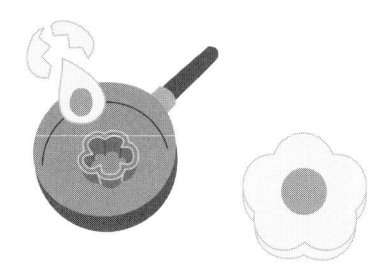

加熱対応の型抜きなら、フライパンに置き、中に卵を割り入れて焼くと、好みの形の目玉焼きができます。

型抜き1つでこんな応用も！

ハートの型抜きを使った飾り切りアイデアです。にんじんを、ピーラーなどを使ってリボン状に切ります。ハートのとがったところを使ってリボンのふちをギザギザにし、真ん中を細めのストローで丸く抜くと、レースみたいなにんじんリボンができます。

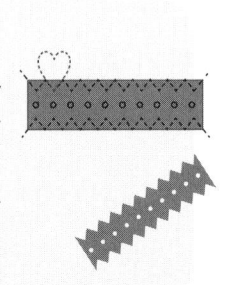

Part4 飾り切り便利帳 〜知って得する豆知識がいっぱい！

おうちにあるものを型抜きに

たとえかわいい型抜きがなくても、おうちにあるストローやコップを型抜きがわりに使うことができます。

つぶして"しずく形"に

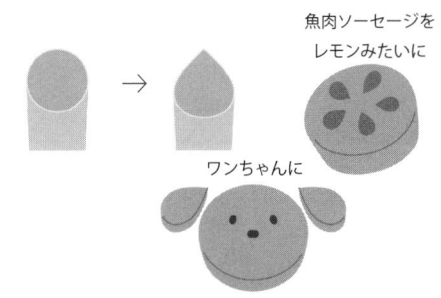

魚肉ソーセージをレモンみたいに

ワンちゃんに

ストローは丸い型抜きとして使うのはもちろん、1カ所を指でギュッとつぶせば、しずくの形の型抜きになります。ストローの太さはいろいろあり、型抜きに使うならタピオカ用の太いものが便利です。

コップを使ってリングサンドイッチ

大小2つのコップでパンを抜いてリングの形にし、サンドイッチをつくります。クリスマスなら飾りつけ次第で、リース風のサンドイッチになります。

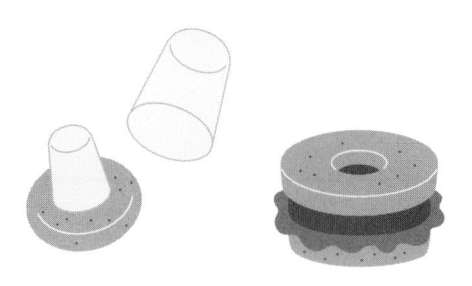

オリジナルピックをつくってみよう

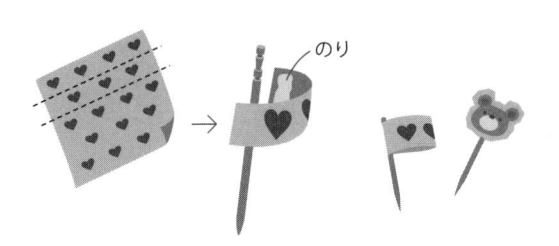

のり

かわいいピックを買わなくても、自分でつくってしまいましょう。包装紙などのかわいいイラストを切り抜いてつまようじの柄に巻き、糊（のり）でとめます。カラーテープをとめるだけでも、カラフルなピックができます。

ピック

ピックがあると、できる飾り切りの幅が広がります。さまざまな形のかわいらしいピックが市販されています。

食材別さくいん

肉・魚介・卵・練りものなど

ウインナー

		切り方
♥ ハートウインナー	18 / 25
マーガレットウインナー	18 / 25
ウインナーチューリップ	18 / 25
ウインナーの葉っぱ	18 / 25
くわがたウインナー	18 / 26
お魚さんウインナー	18 / 26
カニさんウインナー	18 / 26
ひとでウインナー	19 / 26
タコさんウインナー	19 / 27
ウインナーのバラ	19,42 / 44
ウインナー靴下	51 / 25

（→切り方は「ハートウインナー」参照）

ハム

| ハムの王冠 | 42 / 44 |
| 風車ハム | 43 / 44 |

たまご

うずらのお花	19 / 27
星うずら	19 / 27
薄焼き卵のお日さま	19 / 27
花切りうずら	19 / 28
ライオンオムライス	19 / 28
にわとりうずら	19 / 28
エッグ坊や	42 / 44

かまぼこ

		切り方
かまぼこハート	20 / 28
かまぼこうさぎ	20 / 29
お花かまぼこ	20,43 / 44
かまぼこのバラ	20 / 29
ぎざぎざかまぼこ	20,67 / 68
手綱かまぼこ	55 / 56
かまぼこのあやめ	59 / 61
かまぼこ飾り	59 / 61
かまぼこ結び	59 / 61

ちくわ

ちくわピーマンいそぎんちゃく	20 / 29
ちくわの手おけ	55 / 57
ちくわの門松	55 / 38
結びちくわ	55 / 57

はんぺん

| はんぺんイカ | 20 / 29 |

魚肉ソーセージ
- ソーセージのきつねさん …… 20／30 切り方

イカ
- 松かさイカ …… 21／30
- 布目イカ …… 21／30
- 唐草イカ …… 21／30

ホタテ
- ホタテダイヤモンド …… 46／48 切り方

えび
- 花形えび …… 59／60

こんにゃく
- 手綱こんにゃく …… 63／65

野菜

トマト
- お花プチトマト …… 21／30 切り方
- プチトマトバスケット …… 21／31
- 花切りプチトマト …… 21／28
- トマトのりす …… 21／31

きゅうり
- くるりんきゅうり …… 22／31 切り方
- 互い違いきゅうり …… 22／32
- しましまきゅうり …… 22／32
- きゅうりのヒラヒラ …… 22／32
- お魚きゅうり …… 22／32
- 花切りきゅうり …… 22／28
- きゅうりのお舟 …… 22,47／48
- きゅうりのカップ …… 22,43／45
- きゅうりのリース …… 50／52
- きゅうりの蘭(らん) …… 55／57
- かみなりきゅうり …… 58／60
- 波きゅうり …… 59／60
- 松きゅうり …… 67／32

（→切り方は「お魚きゅうり」参照）

ラディッシュ
- ラディッシュくらげ……23 / 33 [切り方]
- ラディッシュのバラ……23,47 / 48

だいこん
- 紅白羽子板（だいこん）……54 / 56
- 松だいこん……55 / 56
- 扇だいこん……67 / 64
（→切り方は「末広たけのこ」と同じ）

にんじん
- 紅白羽子板（にんじん）……54 / 56
- ねじり梅……55 / 57
- にんじんの蝶（ちょう）……59 / 61
- とさかにんじん……63 / 64

れんこん
- 雪柄れんこん……50 / 52
- 矢羽根れんこん……54 / 56
- 花れんこん……62 / 64

たけのこ
- たけのこの亀（かめ）……58 / 60
- 末広たけのこ……63 / 64

かぼちゃ
- かぼちゃの葉っぱ……21 / 31

パプリカ
- パプリカのゆりかご……46 / 48

なす
- 茶せんなす……23 / 33

しいたけ
- 亀甲（きっこう）しいたけ……62 / 64 [切り方]

エリンギ
- エリンギの妖精（ようせい）……23 / 33

こいも
- 鶴（つる）の子いも……63 / 65

さやえんどう
- 矢羽根さやえんどう……63 / 65

セロリ
- ひらひらスティックセロリ……66 / 68

うど
- こよりうど……67 / 68

ゆず
- ゆず松葉……63 / 65

すだち
- すだちリボン……66 / 68

果物・パン

りんご

- うさぎりんご ……………… 23 / 33 〔切り方〕
- リボンりんご ……………… 23 / 34
- チェックりんご …………… 23 / 34
- ぴょんぴょんうさぎりんご
  ……………………………… 23 / 34
- りんごの小箱 ……………… 47 / 49
- 木の葉りんご ……………… 51 / 52

オレンジ・みかん

- オレンジペンギン ………… 24 / 35
- みかんうさぎ ……………… 24 / 35
- オレンジボート ………… 24,47 / 49

バナナ

- リボンバナナ ……………… 24 / 34

キウイ

- 花切りキウイ ……………… 24 / 28
- キウイのキャンドル …… 24,51 / 52

いちご

- いちごのお花 ……………… 43 / 45 〔切り方〕
- いちごサンタ ……………… 51 / 51

レモン

- レモンリボン ……………… 43 / 45
- レモンうさぎ ……………… 47 / 49

ぶどう

- ぶどうのお花 ……………… 24 / 35

マンゴー

- マンゴーダイスカット …… 47 / 49

パイナップル

- パイナップルボート ……… 43 / 45

パン

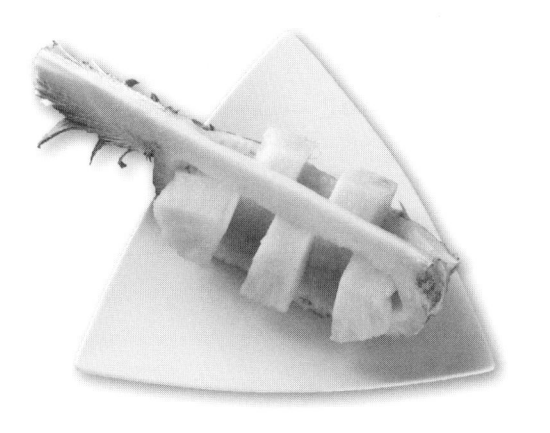

- フラワー揚げパン ………… 24 / 35

Profile

ほりえさちこ

かわいいおべんとう研究家・料理研究家。フードコーディネーター・栄養士の資格を持つ。テレビや雑誌を中心に、栄養バランスのとれた簡単でおいしい料理を提案している。ナチュラルでかわいらしいアイデアあふれるレシピとスタイリングが人気。現在、夫と息子の3人暮らし。自身の育児の経験を生かした離乳食やおべんとうにも定評がある。著書に、『はじめての離乳食とこどもごはん』『かわいい！ おべんとうのおかずアイデア210』（主婦と生活社）、『毎日のかわいいおべんとう』（日本文芸社）など多数。

所属：㈱ホリプロ　スポーツ文化部
(03)3490-4902

Staff

撮影……………………児玉成一
イラスト………………株式会社コットンズ
装幀・デザイン………白岩麗（株式会社ワード）
編集……………………株式会社ワード

［参考文献］
ほりえさちこ著『毎日のかわいいおべんとう』（日本文芸社）／ほりえさちこ著『かわいい！ おべんとうのおかずアイデア210』(主婦と生活社)／『飾り切りと料理のデザイン』(主婦と生活社)

子どもが大喜びする！
カンタンかわいい「飾り切り」

2010年6月17日　第1版第1刷発行

著　者　ほりえさちこ
発行者　安藤 卓
発行所　株式会社PHP研究所
　　　　京都本部　〒601-8411　京都市南区西九条北ノ内町11
　　　　［内容のお問い合わせは］　教育出版部　☎075-681-8732
　　　　［購入のお問い合わせは］　普及グループ　☎075-681-8818
印刷所　図書印刷株式会社

© Sachiko Horie 2010 Printed in Japan
落丁・乱丁本の場合は、送料弊社負担にてお取り替えいたします。
ISBN978-4-569-77622-4